LA DÉPRESSION MASQUÉE

Du même auteur

Êtes-vous spasmophile ?, Robert Laffont, 1981.
Psychosomatique du rire, Robert Laffont, 1983.
Médecine de la douleur, Robert Laffont, 1986.
L'Équation du bonheur, Balland, 1988
(en collaboration avec Roland Topor).
Le Virus de la déprime, François Bourin, 1991.
Vivre sans fatigue, Payot, 1992.
La Mémoire qui flanche, NiL, 1996.

Docteur Henri Rubinstein

LA DÉPRESSION MASQUÉE

L'identifier, la maîtriser, s'en libérer

JC Lattès

« L'état de maladie influe
de manière directe sur la formation
des idées et des affections morales. »
Georges Cabanis (1802)

« Penser est une maladie. »
Jacques Lacan

Introduction

Lorsque vous souffrez d'un ensemble de troubles neuropsychologiques persistants, tels que douleur morale, épuisement et fatigue nerveuse, tristesse, perte de l'élan vital ou de toute motivation, anxiété, difficultés de mémoire et de concentration, troubles du sommeil, sentiment de « ras-le-bol » incontrôlable, la possibilité d'une dépression nerveuse est presque évidente et, si vous consultez votre médecin traitant ou un spécialiste, le praticien confirmera bien souvent ce diagnostic. Son rôle sera alors de vous soigner, c'est-à-dire de vous informer sur les conséquences et les différentes modalités thérapeutiques actuelles de ce type d'affection.

Il est clair que les signes psychiques des syndromes dépressifs constitués, très fréquents dans nos sociétés, prêtent rarement à confusion, et conduisent les patients à chercher de l'aide. Que l'on évoque une « déprime », un « état dépressif » ou encore une « dépression nerveuse », ces notions ont conquis un large droit de cité en pratique médicale quotidienne comme auprès des patients, du grand public, des médias, voire des publicitaires.

Mais on ignore trop souvent qu'il n'est pas nécessaire de se sentir déprimé pour souffrir d'une dépression.

Il s'agit alors de ce qu'il est convenu de nommer une « dépression masquée ». Cette dernière s'inscrit dans un vaste domaine pathologique, encore largement méconnu, tout d'abord par les malades qui en souffrent, mais aussi par l'ensemble du corps médical, qui lui porte une attention bien insuffisante comparée à son importance et à son retentissement réels.

En effet, les dépressions masquées peuvent mimer presque toutes les situations pathologiques alors que les symptômes psychologiques caractéristiques de la dépression sont absents. J'entends, par absence de symptômes psychologiques caractéristiques de la dépression, l'absence d'*humeur dépressive*. Le patient ne se sent pas déprimé et, bien souvent, refuse de se reconnaître comme tel. L'humeur dépressive caractérisée par un vécu globalement négatif, une douleur morale, un désintérêt global et progressif, une perte d'initiative et une baisse d'efficience intellectuelle est étrangère à ces patients. Ce qui explique la difficulté du diagnostic pour les médecins et la fréquente incrédulité affichée par les patients à l'énoncé de leurs conclusions.

C'est ainsi que l'on rencontrera d'innombrables phénomènes douloureux touchant le tube digestif, les muscles (le trop fameux « mal au dos » chronique), le cœur, la respiration, le système nerveux, des maux de tête et des migraines chroniques, mais aussi des états de fatigue persistants ou encore des troubles du caractère, des phobies, des épisodes de boulimie ou d'anorexie, des perturbations de la libido. De telles cohortes de symptômes ont pour point commun de résister aux traitements habituels et de constituer, en réalité, les manifestations purement somatiques ou psychologiques d'un véritable état dépressif qu'il est indispensable de soigner comme tel.

Ne pas le reconnaître est un piège très fréquent dans lequel tombent patients et médecins. Cela conduit à multiplier les examens complémentaires inutiles et à prescrire de nombreux traitements inefficaces, fondés sur des diagnostics erronés — ou sur l'absence de tout diagnostic !

Se poser la question : « Et si c'était une dépression masquée ? », puis la poser à son médecin constitue souvent un premier pas important dans la compréhension des maux qui peuvent nous atteindre. La maladie, au sens large, n'est parfois que la partie visible de conflits, de tensions, de frustrations, d'angoisses, de désespoirs, qui nous minent et que nous ne savons, ou ne voulons, pas reconnaître ni exprimer dans leur réalité existentielle. Différents désordres psychoaffectifs viennent alors bouleverser le « silence des organes ». Ces derniers manifestent, s'agitent, se spasment, deviennent douloureux, fatigués ou inefficaces, envoient à la conscience des messages de détresse. Mais la signification réelle de ces messages ne doit pas être seulement comprise au premier degré, comme un simple signe de lésion locale. C'est une alerte : il ne faut pas trop tirer sur la corde ! Votre corps refuse de suivre tant que vous n'aurez pas réalisé que vous accumulez des problèmes personnels, psychologiques et/ou relationnels insupportables et tant que vous n'agirez pas pour tenter d'y remédier.

Le but de cet ouvrage est de démontrer que les dépressions masquées sont présentes dans bon nombre de situations pathologiques en apparence inextricables, dont elles constituent un principe unificateur. Les démasquer, c'est se donner de brillantes possibilités thérapeutiques.

Il s'agit d'un domaine médical passionnant, en plein devenir, car les dépressions atteignent l'organisme dans son ensemble, aussi bien ses aspects physiques et psychiques que relationnels. Elles rendent ainsi compte des rapports très fins existant entre des difficultés véritablement organiques et des perturbations psychiques. Nous connaissons bon nombre des éléments génétiques, métaboliques, biochimiques, tissulaires, nerveux, neurohormonaux, psychologiques, relationnels et sociologiques qui interviennent dans une telle pathologie. Nous savons que les dépressions sont l'aboutissement commun de perturbations objectives diverses que nous commençons à connaître. Des recherches ultérieures permettront de préciser ce qui demeure encore obscur. Mais, dès maintenant, il me paraît nécessaire d'exposer les résultats obtenus tant est significatif le rôle joué par les troubles de l'humeur dans notre santé et notre vie quotidienne.

I

EST-CE UNE DÉPRESSION MASQUÉE ?

Qu'est-ce qu'une dépression masquée ?

Les symptômes physiques sont toujours au premier plan en cas de dépression masquée alors que l'humeur dépressive est absente. Certes, nous verrons, au chapitre suivant, que certains signes peuvent aussi être présents lors de dépressions manifestes mais ils sont accessoires en regard de l'intensité de la douleur morale et des troubles de l'humeur qui frappent ces patients.

La description des symptômes physiques de la dépression masquée couvre un vaste champ de la pathologie médicale et l'on comprend aisément que les malades qui en sont atteints puissent être amenés à consulter soit des médecins généralistes, soit divers spécialistes. Il est sans doute impossible de dresser une liste exhaustive de ces symptômes tant est grand le polymorphisme de la maladie, et il peut parfois être tentant, chez des dépressifs avérés, de rattacher certains symptômes aberrants à leur dépression. Cette tentation doit être écartée, et c'est précisément le travail du médecin de faire la part des choses. Sa formation lui permet de reconnaître ce qui a toutes chances d'être en rapport avec la dépression et ce qui relève vraisemblablement d'une autre étiologie. Les arguments statistiques et de fréquence constituent les meilleurs guides pour savoir si un symptôme donné se rattache à cette maladie.

Beaucoup d'individus ont, un jour ou l'autre, présenté des manifestations pathologiques pour lesquelles le médecin n'a pu trouver de cause organique évidente. Ces manifestations pathologiques ont alors été rangées sous les termes de « dystonie neurovégétative » ou de « dérèglement sympathique », de « pathologie fonctionnelle » ou de « neurotonie ». Il me paraît très vraisemblable que ces termes recouvrent souvent une dépression masquée qui n'a pas été diagnostiquée comme telle.

Les signes que je vais décrire sont ceux le plus souvent rencontrés chez de nombreux malades. Comme dans toute maladie, il existe des *signes généraux*, touchant l'ensemble de l'organisme, et des *signes de localisation*, ou symptômes intéressant plus précisément tel ou tel appareil. Cette description des symptômes de la maladie doit être considérée comme une introduction qui fait usage de catégories parfois un peu artificielles, pour la clarté de l'exposé. Cependant, ce recours aux catégories usuelles de la médecine ne doit pas faire oublier que les symptômes somatiques de la dépression touchent des structures physiologiques qui existent dans tout l'organisme et dans tous les organes.

Les signes généraux

Ils sont dominés par la fatigue (asthénie) dans plus de 90% des cas, et cette fatigue, très caractéristique, est une fatigue matinale. Les déprimés se lèvent fatigués, leur nuit de repos, bonne ou mauvaise, n'a servi à rien. Cette fatigue va aller en s'estompant au cours de la journée mais elle est accompagnée de « coups de pompe » brutaux, avec une sensation d'anéantissement total. Parfois, ces épisodes de fatigue brutale sont seuls présents, sans asthénie matinale.

Parmi les autres signes généraux, on note des troubles de la régulation thermique : frilosité et/ou bouffées de chaleur, ainsi que souvent des troubles des conduites alimentaires : anorexie ou boulimie entraînant un amaigrissement ou une prise de poids.

Les signes psychiques peuvent également être considérés comme des signes généraux dans la mesure où ils commandent l'ensemble de la vie de relation et de la vie affective des malades.

Ils présentent tous les degrés d'importance, depuis une simple nervosité ou une émotivité accompagnée de sautes d'humeur jusqu'à de véritables crises d'angoisse. Les colères fréquentes, les crises de rire ou de larmes font souvent partie de la symptomatologie a minima du syndrome dépressif. L'anxiété est pratiquement constante. Elle peut aller de l'appréhension, d'une tendance à l'inquiétude, d'une tendance à se faire une montagne de peu de choses, à des états d'angoisse véritablement invalidants. Cette angoisse invalidante, ressentie comme dépourvue d'humeur dépressive, est fréquente en cas de dépression masquée, elle gêne les patients dans leur vie quotidienne, dans leur vie relationnelle et dans leur vie professionnelle.

L'angoisse peut se manifester physiquement par une constriction insupportable du larynx avec des difficultés de déglutition[1], l'impression d'étouffer, l'impression de mort imminente. Elle est souvent accompagnée de sueurs froides, de crises de larmes ou de tremblements. À un degré plus fort, l'angoisse provoque l'impossibilité d'effectuer les actes les plus simples : se lever, sortir, aller dans la foule, dans un grand magasin ou dans un grand espace découvert (agoraphobie), prendre un ascenseur ou rester dans un lieu clos (claustrophobie). L'angoisse, nous le verrons, est un symptôme très répandu qui, ici, est constitutif de la dépression, et en partie lié aux per-

1. Il s'agit de la « boule dans la gorge », fréquemment décrite par ces patients.

turbations neurohormonales de la maladie. Mais elle est également entretenue et majorée par les autres symptômes de la maladie : la sensation d'étouffer, une douleur dans la région du cœur font peur. La crainte d'avoir un malaise et de perdre connaissance conduisent à préférer rester chez soi plutôt que de sortir. L'angoisse explique la tristesse des dépressifs, leurs traits tirés, leur air parfois morne et lugubre. Toujours présente à des degrés divers en cas de dépression masquée, elle annonce l'apparition, à plus ou moins long terme, de véritables états dépressifs dans lesquels les malades n'ont plus goût à rien, « broient du noir », perdent toute activité relationnelle.

Les troubles du sommeil sont extrêmement fréquents et rebelles chez les dépressifs, les plus caractéristiques étant des insomnies de la deuxième partie de la nuit : le malade se réveille vers deux ou trois heures du matin et ne peut se rendormir. Ou, s'il finit par se rendormir, il fait des cauchemars épouvantables avec souvent des rêves de chute. Parfois, après s'être retourné des heures durant dans son lit, il s'endort enfin au petit matin. De telles insomnies contribuent à épuiser davantage des malades déjà fatigués et fatigables.

Les signes généraux et les signes psychiques de la dépression masquée — essentiellement la fatigue, l'anxiété et les insomnies — sont peut-être les plus intéressants à étudier car ce sont souvent les plus méconnus et les plus durement ressentis par les malades. Ce sont les symptômes qui leur rendent la vie le plus pénible, voire insupportable, ceux qui les font souffrir et les coupent du monde des bien-portants.

Les signes de localisation

Ils touchent plus particulièrement diverses structures physiologiques ou divers groupes d'organes.

Les douleurs chroniques

Ce sont des douleurs sans étiologie[1] véritable ou dont la cause paraît trop minime pour rendre compte de la persistance des troubles :

— les douleurs de la colonne vertébrale au niveau du cou, du dos et surtout de la région lombaire, sans lésions rhumatologiques en évolution. Elles peuvent être déclenchées par un traumatisme minime qui crée une contracture des muscles paravertébraux qui sera entretenue par le cercle vicieux douleur/anxiété, liée aux perturbations des neuromédiateurs propres aux processus de la dépression ;

— les douleurs musculaires plus diffuses ;

— les douleurs faciales et dentaires.

Les signes vasomoteurs

Ils sont liés à des spasmes des vaisseaux sanguins. Là encore, les mécanismes sont à rechercher au niveau des perturbations des neuromédiateurs qui vont accentuer des manifestations physiques d'anxiété.

Au premier rang, les maux de tête (céphalées) qui peuvent prendre tous les types : en casque ou localisés, rétro-orbitaires, frontaux, migraines vraies localisées sur un côté de la tête. Ils sont permanents ou surviennent par crises.

Les lipothymies, c'est-à-dire des pertes de connaissance brèves précédées d'un malaise intense avec parfois oppression thoracique, fourmillements des doigts et de la bouche. Ces patients « tombent dans les pommes » facilement, mais leurs malaises peuvent ne pas aller jusqu'à la perte de connaissance complète.

Il existe aussi des sensations vertigineuses et des vertiges, des sensations de brouillard et de flou visuel, des signes d'hypotension orthostatique (malaises aux chan-

1. L'étiologie recherche la cause — ou l'origine — des symptômes et des maladies.

gements brusques de position), des troubles vasomoteurs des extrémités allant du refroidissement banal au syndrome de Raynaud (doigts qui deviennent blancs et insensibles au froid).

Les signes d'hyperexcitabilité neuromusculaire

Eux aussi sont liés à l'anxiété :

— les crampes musculaires;

— les fourmillements (paresthésies) des mains et des pieds;

— les fourmillements autour de la bouche;

— les fourmillements de la gorge (paresthésies pharyngées);

— les myoclonies (tressautements musculaires involontaires);

— les clonies palpébrales (paupières qui sautent ou frétillent).

Les signes viscéraux

Ils atteignent les organes profonds et reproduisent les symptômes de la dystonie neurovégétative.

Ils peuvent toucher :

— l'appareil cardio-vasculaire : palpitations, tachycardie, douleurs et oppression thoracique;

— l'appareil digestif : troubles digestifs divers, pseudo-gastritiques, pseudo-biliaires, pseudo-colitiques, constipations;

— l'appareil respiratoire : oppression respiratoire pseudo-asthmatique, ou encore sensations de striction laryngée et difficultés de déglutition dont parlent souvent ces malades.

Les signes touchant la sphère génitale

Chez la femme :

— avortements spontanés;

— douleurs pelviennes;

— vaginisme et frigidité.

Chez l'homme :
— éjaculation précoce ;
— pertes séminales ;
— impuissance.

Les crises de tétanie

J'aurai l'occasion de revenir sur les rapports entre spasmophilie et dépression masquée mais il est clair que de telles crises peuvent aussi survenir en tant que symptôme inaugural d'un état dépressif.

Il s'agit de grandes crises de contractures très douloureuses, commençant aux extrémités et gagnant le corps entier. La main se met en hyperextension, la paume se creuse, les doigts allongés s'imbriquent en main d'accoucheur. Le pied se place en extension et se tord. L'ensemble des contractures mains-pieds est appelé spasme carpo-pédal. Au visage, la contracture des muscles déforme la bouche en museau de carpe. Étendue aux muscles paravertébraux, la contracture cambre le corps en arc de cercle (opisthotonos). Beaucoup de dépressifs n'ont jamais fait de crises de tétanie et n'en feront sans doute jamais mais ces crises restent des événements dramatiques, très impressionnants pour les malades et leur entourage, bien qu'elles soient sans véritable gravité. Elles ont pour avantage — si l'on peut dire — de constituer une spectaculaire sonnette d'alarme pour les patients, leurs proches et leurs médecins, qui sont ainsi conduits à s'interroger sur l'état de santé véritable de sujets apparemment sans problèmes.

Enfin, il faut noter que l'on trouve parfois des arguments en faveur d'une dépression masquée dans des affections générales encore mal connues telles que les maladies allergiques, l'hypertension artérielle essentielle du sujet jeune, les œdèmes cycliques idiopathiques (sans cause précise), l'hypoglycémie fonctionnelle, la dysthyroïdie. Ces affections très diverses ont en commun leur caractère fonctionnel, et il est vraisemblable, mais non encore établi, que des désordres neurohormonaux et immunitaires jouent un rôle dans leur apparition.

Ce long catalogue de symptômes n'est, bien sûr, pas présent dans toutes les dépressions masquées mais, dans les formes les plus courantes, les malades présentent au moins une dizaine des signes décrits ci-dessus, dont bien souvent les plus importants : fatigue, malaises, maux de tête, angoisses, douleurs musculaires, etc. On parle alors de dépression masquée « multisymptomatique ». Ces formes multisymptomatiques, qui touchent souvent les jeunes adultes, sont le plus fréquemment détectées par les médecins généralistes. Mais il en existe aussi de beaucoup plus trompeuses, avec un très petit nombre de symptômes (on dit alors « paucisymptomatiques »). Il s'agit surtout de malades dont les troubles sont concentrés sur un seul appareil et qui consulteront des spécialistes : les neurologues pour les migraines et céphalées, les gastro-entérologues pour les troubles digestifs, les cardiologues pour les palpitations et les douleurs thoraciques, les ORL pour les vertiges et les bourdonnements d'oreille, les rhumatologues pour les douleurs vertébrales... et parfois aussi les psychiatres et les psychothérapeutes pour leurs insomnies et leurs angoisses.

Le fait qu'une dépression masquée ne soit pas reconnue comme telle par la personne qui en souffre implique que bon nombre de ces patients présentent, à un degré plus ou moins accentué, les symptômes décrits précédemment. À la limite, ils ne s'en rendent pas ou très peu compte, leurs troubles se manifestant par une simple nervosité. Mais ils sont en équilibre sur une corde raide et il suffira d'une simple poussée pour les faire basculer dans une dépression manifeste. La maladie se révèle alors avec toute sa violence, comportant des risques majeurs de réaction suicidaire : c'est la décompensation. D'où l'intérêt de connaître et de diagnostiquer la dépression masquée. Car s'il est bien entendu possible de traiter une dépression manifeste, il est encore plus utile d'en prévenir l'apparition.

Tout individu souffrant d'une dépression masquée est, un jour ou l'autre, menacé par une décompensation. On peut aussi penser que, s'il semble exister actuellement une recrudescence du nombre des dépressifs, ce n'est pas parce qu'ils se sont multipliés mais parce que les facteurs de décompensation sont infiniment plus nombreux et qu'il est bien rare de ne pas en rencontrer un ou plusieurs au cours de sa vie. J'ajoute également que les conditions de vie modernes sont par nature pathogènes. Elles engendrent des carences diverses, en particulier socio-affectives, qui n'existaient pas dans le passé. Bien entendu, les graves soucis financiers qui, aujourd'hui, peuvent frapper aussi durement les chefs d'entreprise ou les salariés que les modestes retraités, sont de plus en plus délégués au médecin, qui bien malgré lui se retrouve chargé d'aider à contenir des difficultés dont le seul véritable thérapeute serait un banquier compréhensif.

L'ensemble des facteurs de décompensation peut être regroupé sous le terme générique de stress, c'est-à-dire d'agressions de l'organisme. Ces agressions peuvent être physiques ou émotionnelles au sens large. Mais on retrouve le facteur de décompensation chez tous les dépressifs, qu'ils soient masqués ou manifestes. Le début précis des symptômes étant bien connu, c'est au médecin qu'il incombe de retrouver la ou les causes déclenchantes de l'état de dépression latente et de sa décompensation éventuelle, si le malade n'en est pas conscient. Bien entendu, ce dernier doit porter un regard critique sur ces facteurs déclenchants, qui, s'ils sont apparents ou évidents, ne représentent souvent que la partie émergée d'un véritable iceberg de détresse émotionnelle.

Le vrai surmenage constitue le facteur déclenchant le plus fréquent; ce peut être un surmenage professionnel ou extra-professionnel, bref et intense ou au contraire prolongé. Presque à égalité s'inscrivent les difficultés psychologiques récentes: conflits conjugaux, conflits familiaux ou professionnels, problèmes sexuels. Interviennent aussi des facteurs médicamenteux (prise prolongée de laxatifs ou de diurétiques) et des maladies : infections chroniques ou infections virales récentes. La poursuite de régimes amaigrissants est souvent à l'origine d'une poussée dépressive. Agissent aussi comme facteurs de décompensation les accidents de la circulation, les traumatismes, les deuils, les interventions chirurgicales.

Il existe des facteurs de décompensation particuliers aux femmes : grossesse, allaitement, fausse couche, hystérectomie, infections gynécologiques et aussi la prise de contraceptifs oraux. On note également une recrudescence saisonnière à l'automne et au printemps et une recrudescence prémenstruelle chez les femmes jeunes.

Parmi les causes favorisantes interviennent les notions d'antécédents familiaux et un terrain psychologique marqué par des tendances anxieuses ou obsessionnelles parfaitement banales jusqu'à l'éclosion des troubles mais dont le rôle aggravant paraît ensuite évident.

Ce qui n'est pas une dépression masquée

Par définition, une dépression masquée n'est pas une dépression manifeste, une dépression « dure », un de ces états pathologiques de diagnostic évident, ce qui explique pourquoi les syndromes dépressifs en général se différencient plus ou moins largement des dépressions masquées. Un court historique permettra de mieux comprendre l'évolution des idées médicales concernant ces états dépressifs mais, aujourd'hui encore, le débat reste ouvert entre les tenants de l'unicité ou de la multiplicité de cette maladie.

Le terme de *mélancolie*, qui signifie « bile noire » en grec, fut le premier utilisé par les anciens, en particulier Hippocrate, qui, ce faisant, indiquait clairement que cette maladie de l'esprit s'expliquait par un déséquilibre organique, une prépondérance de la bile noire aux dépens des trois autres fluides fondamentaux de l'organisme : le sang, la lymphe et la bile jaune.

La psychiatrie, de la fin du XVIIIe à celle du XIXe siècle, s'interrogea certes sur la nature exacte des maladies de l'esprit mais dut se résoudre à des attitudes purement descriptives de classement des symptômes. Ainsi, la tristesse, la morosité, l'abattement des patients, en l'absence de lésions apparentes, furent d'abord considérés comme un « délire » partiel ou total, une production d'idées que le malade croit vraies mais qui sont en désaccord avec la réalité. Cette notion de délire fut ensuite partiellement abandonnée, le simple recensement des symptômes majeurs (tristesse, indifférence affective, ralentissement physique et mental) permettant d'avancer le diagnostic de dépression.

Parallèlement, on avait remarqué l'alternance fréquente, chez un même sujet, de signes d'abattement et de signes d'agitation, ce qui donna naissance, au XIXe siècle, à la notion de « folie à double forme », postulant par là l'existence nécessaire de périodes d'hyperactivité et d'euphorie (manie) entrecoupées de périodes de baisse d'activité (dépression). Ainsi naquit le terme de *psychose maniaco-dépressive*, devenue aujourd'hui la *maladie maniaco-dépressive*. Dans cette optique, la dépression, considérée comme trouble de l'humeur, serait toujours l'une des composantes d'une maladie cyclique et bipolaire, comportant également des troubles affectifs dans l'autre sens, celui d'un excès d'agitation. En fait, théoriquement, toutes les gradations émotionnelles sont possibles depuis la dépression unipolaire jusqu'à l'accès maniaque.

Bien que nous connaissions certains des mécanismes physio-pathologiques des dépressions nerveuses, il me faut souligner qu'il n'existe pas actuellement de véritable accord sur les origines des dérèglements de l'humeur; hérédité, éducation, mode de vie, stress, perturbations biologiques, manifestations organiques, causes psychologiques, association de plusieurs facteurs, phénomène unique ayant des modes d'expression différents... ont tour à tour été évoqués.

Si les dépressions primaires, sans « cause » accessible restent d'observation fréquente, qu'il s'agisse de *dépressions endogènes* d'origine génétique familiale, de *dépressions névrotiques* liées à des troubles de la personnalité ou encore des *maladies maniaco-dépressives*, nous sommes aujourd'hui en mesure d'identifier bon nombre d'étiologies à l'origine d'états dépressifs plus ou moins caractéristiques, que l'on dit alors *symptomatiques*, *réactionnels* ou encore *secondaires*, pour lesquels on peut mettre en évidence les principales composantes psychoaffectives mais aussi hormonales, neurologiques, métaboliques, toxiques, médicamenteuses et infectieuses qui en sont responsables.

Il n'y a pas grande difficulté pour le médecin, ni pour le patient, à reconnaître une dépression nerveuse quand elle se présente sous une forme franche, complète, associant six catégories majeures de symptômes :

— *la douleur morale;*
— *l'inhibition psychomotrice et la perte de l'élan vital;*
— *l'anxiété;*
— *les troubles du caractère;*
— *les troubles du sommeil;*
— *les symptômes somatiques de la dépression.*

Ces notions abstraites, souvent psychologiques, ont certes une signification sémiologique précise pour les médecins qui les emploient mais elles doivent être soigneusement décrites et expliquées pour être bien comprises des patients et des lecteurs non spécialisés.

La douleur morale

C'est une tonalité désagréable ou franchement insupportable de l'ensemble de l'affectivité, se traduisant par tristesse, pleurs, idées noires, pessimisme, insatisfaction, dévalorisation, autodépréciation, sentiments torturants d'incurabilité et de culpabilité. Il s'agit d'un trouble profond de l'humeur (on dit aussi de la « thymie ») où chaque état d'âme est vécu douloureusement.

L'inhibition psychomotrice et la perte de l'élan vital

Elles consistent en un ralentissement global des activités physiques et mentales, avec une sensation de fatigue générale, un désintérêt progressif de toute activité, la perte d'initiative.

L'efficience cérébrale est affectée : ralentissement de l'idéation, affaiblissement de la mémoire, difficultés de concentration, effondrement du rendement intellectuel, baisse de la créativité chez les artistes, chute de l'activité physique pouvant aller jusqu'à un aspect figé, caractérisent l'inhibition de toute action.

L'anxiété

Déjà évoquée, il s'agit d'un affect extrêmement commun, qui peut exister en dehors de toute dépression et prend la forme d'un sentiment pénible d'attente. L'anxiété est accompagnée de peur ou de terreur et associée à des manifestations douloureuses telles qu'un sentiment d'oppression, la sensation d'étouffer, la « boule dans la gorge », des palpitations, des sueurs, une tension musculaire.

Elle peut prendre la forme d'une anxiété généralisée et persistante ou celle du « trouble panique », isolé plus récemment.

L'attaque de panique, vécue comme une crise intense, est la survenue brutale et spontanée d'un état anxieux aigu, fait d'une peur incontrôlée avec sensation de mort imminente et de manifestations psychosensorielles (malaises, tachycardies, tremblements, etc.).

Il est indispensable de savoir évaluer de façon précise le niveau réel d'anxiété des malades souffrant d'états dépressifs, car c'est au cours des bouffées intenses d'anxiété qu'un déprimé dont l'activité n'est que modérément inhibée risque le plus de tenter de se suicider.

Les troubles du caractère

Le dépressif devient hostile, irritable et parfois violent à l'égard de son entourage ; il se sent coupable de son agressivité, ce qui peut, là encore, induire des conduites suicidaires.

Ce sont souvent les modifications du caractère qui révèlent une dépression ; plus souvent encore, elles sont les premiers signes qui inquiètent la famille ou les collègues du malade.

Les troubles du sommeil

Ils sont presque constants et ont déjà été évoqués. Ils constituent l'un des tout premiers motifs de consultation médicale.

Il s'agit presque toujours d'une *insomnie* ; celle-ci, quand l'anxiété est importante, prédomine à l'endormissement ; le patient ne peut trouver le sommeil et se livre à d'interminables ruminations.

L'*insomnie de la deuxième partie de la nuit* est encore plus caractéristique de l'état dépressif. Le réveil est très précoce (vers 2 ou 3 heures du matin) et le malade ne peut se rendormir. Il peut aussi se réveiller au petit matin, trop tôt par rapport à son horaire habituel, ce qui est très pénible car la journée est loin d'être commencée.

On constate souvent des *insomnies mixtes*, associant ces deux types d'insomnies ; dans la pratique, elles sont les plus habituelles.

Même si le sommeil est peu perturbé en durée, il est de médiocre qualité et perd ses vertus réparatrices ; le déprimé se réveille aussi fatigué, sinon plus, que quand il s'est couché.

Parfois, les insomnies sont remplacées par des *hypersomnies*. Le malade dort trop et trop longtemps. Le sommeil devient un refuge contre l'hostilité du monde ;

mais les réveils demeurent tout aussi pénibles, de même que persiste la sensation alarmante d'un repos non réparateur.

Nous verrons que cette désorganisation du sommeil, qui peut être précisée au moyen d'enregistrements électroencéphalographiques la nuit, correspond à des perturbations biologiques profondes, dont on commence à décrypter les mécanismes neurohormonaux.

Les symptômes somatiques de la dépression

Les symptômes physiques, ceux que le malade déprimé ressent dans son corps, sont, eux aussi, extrêmement fréquents et conduisent souvent à consulter un médecin.

La *fatigue*, dite aussi *asthénie*, est au premier rang, invoquée par plus de 90 % des sujets.

C'est une fatigue du matin, plus ou moins prononcée, physique et mentale, qui fait partie de la vie quotidienne des dépressifs. Elle n'est pas calmée par le repos — parfois même celui-ci l'aggrave —, et conduit le malade à réduire ses activités puis à y renoncer.

Les *phénomènes douloureux chroniques* peuvent toucher tous les appareils de l'organisme; les douleurs, qui prédominent souvent le matin, prennent le type de maux de tête, de migraines, de sensations vertigineuses, de douleurs musculaires du dos et de la région lombaire (lombalgies chroniques), de fourmillements des doigts et des orteils avec sensations de faiblesse et de fatigabilité musculaire, de douleurs thoraciques et abdominales.

Au niveau de la poitrine, on note des épisodes d'oppression accompagnée de palpitations et de tachycardies pouvant faire craindre une authentique affection cardio-vasculaire.

Les douleurs abdominales chroniques, souvent de type colitique, s'accompagnent d'une diminution de l'appétit, de sécheresse de la bouche et de constipation.

Au terme d'une telle énumération de symptômes physiques et mentaux, constitutifs d'un état dépressif avéré, plusieurs remarques s'imposent.

• Il s'agit d'un syndrome (ensemble significatif de symptômes) purement clinique, ce qui signifie que le diagnostic est laissé à l'appréciation du médecin, en fonction des données de l'interrogatoire du patient, en l'absence de tout signe objectif identifiable lors de l'examen physique.

• Il n'existe, actuellement, aucun moyen objectif fiable de *prouver* avec certitude l'existence d'une dépression nerveuse. Aucun test, aucune imagerie médicale, aucune analyse de laboratoire ne peuvent confirmer, ou infirmer, le diagnostic du médecin. Certes, ce diagnostic dépendra principalement de la compétence du médecin en question, mais interviendront également sa formation, sa spécialisation éventuelle, ses orientations thérapeutiques, la qualité de l'intérêt qu'il va porter au patient qui le consulte, voire les modes médicales du moment.

• Pour le médecin, la présence simultanée de tous les symptômes précités n'est absolument pas nécessaire au diagnostic. La marge d'appréciation est grande et l'on évoquera parfois une classique *dépression paucisymptomatique*, comportant donc très peu de symptômes. Mais, le véritable problème, de plus en plus souvent rencontré dans la pratique médicale, se pose lorsque les signes psychiques sont absents ou au second plan et que les symptômes physiques (fatigue, douleurs, insomnies...) dominent largement le tableau pathologique. C'est alors que l'on peut véritablement parler de *dépression masquée* (ou de *dépression larvée*).

• Pour des raisons que je développerai plus loin, l'existence de tels équivalents purement somatiques de la dépression, sans modifications visibles de l'humeur, si elle est bien connue des spécialistes, est souvent niée par les patients, qui ne se sentent pas déprimés, et méconnue par certains médecins quand ils ne sont pas aguerris à traquer ce type de symptômes.

• Enfin, j'ajoute que, dans le cadre de ces « dépressions sans dépression », on observe également de nombreux symptômes psychiques isolés, n'appartenant pas à la série dépressive, tels que phobies sociales, troubles obsessionnels compulsifs (TOC), anorexie, boulimie, alcoolisme, troubles des fonctions sexuelles et troubles de l'adaptation.

• Dans la pratique, il existe bien une façon de prouver la réalité d'une dépression, que cette dernière soit manifeste ou masquée, mais il s'agit d'une *preuve a posteriori* : le test thérapeutique.

En matière d'états dépressifs, le test thérapeutique consiste à prescrire des antidépresseurs (dont on sait qu'ils peuvent être remarquablement efficaces), aux bonnes doses et pendant un laps de temps suffisant, pour observer si ce traitement guérit ou améliore de façon significative les symptômes du patient.

« Je pense que ce malade souffre d'une dépression nerveuse, donc je lui prescris un antidépresseur. » S'il guérit, ou s'il va mieux, cela prouve *a posteriori* qu'il avait effectivement une dépression.

Cette attitude thérapeutique, pour louable qu'elle puisse être, présente un inconvénient de taille. Les symptômes physiques des dépressions — et plus particulièrement dans le cas des dépressions masquées — sont à la fois très répandus et non spécifiques, ce qui signifie qu'ils sont présents dans un grand nombre d'affections. Ce type de raisonnement *a posteriori* risque donc de conduire les médecins à voir des dépressions partout et à prescrire des psychotropes en excès. Seules l'analyse rigoureuse de symptômes et la recherche méticuleuse d'une origine organique peuvent prévenir de cet écueil. Ce n'est sans doute pas le cas puisque notre pays est un des plus grands consommateurs d'antidépresseurs et de tranquillisants !

Il me semble indispensable à ce stade de rappeler quelques évidences parfois occultées et d'insister clairement sur tout *ce qui n'est pas* une dépression car, à force de banaliser les notions de déprime et de dépression, on ne sait plus très bien de quoi l'on parle.

• La dépression n'est ni « folie » ni faiblesse de caractère.

• La fatigue et la tristesse *normales* ne doivent surtout pas être prises pour des maladies.

• Ce n'est pas être dépressif que de se poser des questions existentielles aux âges charnières de la vie, l'adolescence, l'installation dans l'âge adulte, la ménopause, le passage de la maturité à la vieillesse. Ce n'est pas être malade que de prendre conscience des grands mystères de la vie, de faire le bilan de sa propre existence, de se remettre en cause, de comparer ce que l'on est devenu à ce que l'on aurait voulu être, de peser ce que l'on a fait et de se trouver léger.

• Ce n'est pas être dépressif que d'appréhender l'avenir, de se faire du souci pour des problèmes bien réels (famille, enfants, emploi, santé, revenus, échéances) ou de se demander de quoi demain sera fait. Ce n'est pas être dépressif que d'avoir des chagrins, d'être morose en cas d'échecs ou de contrariétés, d'être triste au moment d'un deuil, d'avoir, pour une cause précise ou même vague, une réaction de tristesse *limitée dans le temps* et qui n'entravera pas durablement l'action.

• Ce n'est pas souffrir d'un état dépressif que d'avoir le blues, du vague à l'âme, d'avoir envie, *pour un temps limité*, de se cloîtrer chez soi, de rester au lit, de ne voir personne, de ne pas faire le ménage ou de ne pas courir les boutiques de mode.

• La fatigue elle-même est bien souvent normale et compréhensible, le résultat des conditions de vie et des événements extérieurs.

— Au moins 50 % des états de fatigue chronique

sont dits « réactionnels » et correspondent à un surmenage chez un sujet qui a voulu nier ou négliger sa fatigue, sans tenir compte du signal d'alarme normal qu'elle représente.

— Sont en cause, le plus souvent, les activités professionnelles, le surinvestissement dans le travail, les horaires, les conditions de travail, le temps passé dans les transports, les conflits plus ou moins exprimés du milieu familial ou de l'emploi. Parfois, ce sont les loisirs qui sont responsables de l'épuisement : des activités sportives trop intenses et inadaptées, ou, au contraire, l'ennui, qui peut être vécu comme de la fatigue.

— Ces asthénies réactionnelles, à la limite du pathologique, sont plus marquées le soir, accompagnées d'une certaine anxiété et peu améliorées par le sommeil. S'en rapproche la « chronofatigue », par perturbation des rythmes biologiques et désynchronisation des repères habituels tels les horaires alimentaires, de travail ou de sommeil ; l'exemple type est la fatigue due au décalage horaire (*jet-lag*) chez les personnes qui voyagent beaucoup en avion.

• En revanche, une fatigue simple, qui cesse d'être normale et/ou compréhensible, constitue, quand elle évolue vers une *asthénie chronique, tenace, prenant la forme d'un épuisement physique et mental*, le symptôme pivot majeur du diagnostic des états dépressifs, masqués ou avérés.

Enfin, il me faut évoquer la dépression cachée, c'est-à-dire un état dépressif manifeste, bien connu du patient qui en souffre, souvent déjà traité médicalement, que le sujet va préférer cacher à son entourage, à sa famille ou à son milieu professionnel. Ce type de conduite est souvent dicté par l'espèce de réprobation diffuse et irrationnelle encore attachée à la notion de dépression nerveuse. En dépit des progrès de l'information, cette maladie, bien que banale, est trop souvent vécue comme honteuse, traduisant une faiblesse de caractère ou un manque de fiabilité qui risquerait d'être préjudiciable à l'avenir professionnel et affectif du patient. Le dépressif se méfie, ne veut pas que « ça se sache », cache sa douleur; le médecin sera son seul exutoire. S'il est probablement utile — voire positif — de conserver une façade unie, de ne pas trop se plaindre, de faire des efforts pour maintenir une certaine dignité dans les contacts humains, voire de maquiller la réalité par pudeur, il me semblerait préjudiciable, en revanche, de se cacher la vérité à soi-même.

Quand la dépression masquée se démasque

La dépression nerveuse est une maladie très fréquente. Dans ses diverses formes, manifestes et masquées, elle est responsable, selon les dernières statistiques, de près de 10 % des incapacités permanentes et engendre des besoins croissants en santé publique. On estime aujourd'hui qu'un quart de nos concitoyens[1] sont, ont été, ou seront déprimés. Il n'existe pas de données récentes sur la part respective des dépressions masquées mais une proportion de 30 % était avancée dans les années 70. Il est très vraisemblable que ce chiffre doive être révisé à la hausse et soit actuellement proche des 50 %[2]. Cette affection atteint à présent des sujets de plus en plus jeunes, avec une nette prédominance féminine.

Pour ce qui est de l'évolution[3], 50 % des déprimés sont en rémission après six mois de traitement, 70 %

1. Cette proportion conduit à un nombre énorme de 15 millions de Français. Bien entendu, ils ne sont pas tous malades en même temps !

2. À un moment ou un autre de leur vie, 7,5 millions de nos concitoyens sont susceptibles de souffrir d'une dépression masquée.

3. Il n'y a pas, en France, de données statistiques disponibles concernant l'évolution des syndromes dépressifs ; je cite ici les résultats d'une grande enquête américaine longitudinale et prospective, commencée en 1974 et qui se poursuit encore.

après un an, 81 % après deux ans et 88 % à cinq ans d'évolution. Plus d'un patient sur dix reste donc déprimé durant plus de cinq ans. Les sujets en rémission ne sont pas pour autant à l'abri. Le risque de récidive, très élevé, est estimé entre 15 % et 22 % sur un an ! À l'évidence, ces données chiffrées démontrent une tendance à la chronicisation et plaident en faveur de la nécessité d'un traitement antidépresseur au long cours et d'un suivi psychothérapique à long terme chez ces patients.

Il existe une nette prévalence féminine des dépressions, manifestes ou masquées, puisque l'on compte environ deux fois plus de femmes que d'hommes, en partie parce que les femmes, par habitudes socioculturelles, consultent davantage mais aussi en raison de l'existence de nombreux facteurs de vulnérabilité plus spécifiquement féminins (événements de la vie gynécologique, isolement social et affectif, absence d'activité hors du foyer, présence de jeunes enfants, etc.).

On peut souffrir d'une dépression masquée à tous les âges de la vie mais on note une certaine prédominance chez l'adulte, au cours des périodes actives de la vie (30 à 40 ans pour les femmes, 40 à 60 ans pour les hommes), bien qu'il existe des dépressions masquées chez les enfants, les adolescents et les personnes âgées.

La dépression touche tous les milieux sociaux et, contrairement à ce qu'affirme un préjugé répandu, ce n'est pas un luxe réservé à quelques privilégiés. Ouvriers, employés, cadres moyens ou supérieurs, dirigeants de sociétés, artistes, professions libérales, médecins... présentent les mêmes symptômes qui les laissent tout aussi désemparés.

Le niveau d'instruction ne semble pas non plus jouer de rôle et la description des troubles physiques est étonnamment semblable, des individus les plus frustes aux plus cultivés. Tout au plus existe-t-il chez ces derniers une plus grande richesse descriptive mais sans différences majeures. L'habitat n'est guère prépondérant et il y a autant de dépressions masquées en milieu urbain qu'en milieu rural.

L'analyse des facteurs de risque est complexe. Elle ne peut être que multifactorielle et doit, à la fois, tenir compte des *facteurs déclenchants*, des *facteurs prédisposants* et des *facteurs psychologiques*.

Les facteurs déclenchants

Le déclenchement d'un état dépressif, manifeste ou masqué, dans les suites d'un événement douloureux est rarement immédiat et il est habituel d'observer une période de latence de quelques mois, après un deuil, une séparation, une mise à la retraite, une intervention chirurgicale, etc. avant l'apparition de symptômes gênants.

L'existence de cette période de latence asymptomatique fait souvent croire — à tort — que le patient a « bien réagi » à l'une de ces expériences de perte[1], au sens large du terme, alors qu'il s'agit surtout du calme précédant la tempête, d'une période à risque où il importe d'être particulièrement vigilant devant l'apparition de modifications mineures de l'humeur.

C'est bien souvent l'accumulation de facteurs de stress et d'événements pénibles — ou vécus comme tels — au cours de l'année précédant la dépression qui constitue la principale condition de son apparition. Néanmoins, l'exposition au stress étant plus ou moins le lot commun de tous les individus alors que seuls certains d'entre eux réagissent sur le mode dépressif, il est donc nécessaire de faire intervenir d'autres éléments favorisants.

Les facteurs prédisposants

Le fait que des individus de milieu, de culture, de niveau social différents présentent de façon tout à fait

1. Voir en annexe l'identification des principaux facteurs déclenchants.

remarquable les mêmes symptômes est une preuve de l'existence, sinon d'un véritable facteur génétique de risque mais au moins de celle d'un terrain particulier.

La présence d'antécédents familiaux de dépression constitue indiscutablement une prédisposition à être soi-même la victime d'une telle affection. Cela a été particulièrement étudié à propos des dépressions bipolaires, que j'ai évoquées plus haut.

Quand la dépression masquée se démasque, se décompense, le patient tombe véritablement malade, au sens psychiatrique du terme. J'insiste sur la précision du début des troubles qui, sans être un fait constant dans l'ensemble des observations de dépressifs, est fréquemment noté. Il n'est pas rare d'entendre : « Ça ne va pas depuis que j'ai eu cet accident de voiture » ; ou : « Je suis fatiguée et j'ai mal aux jambes depuis mon accouchement » ; ou encore : « Depuis que mon fils a passé le bac, pour lequel il a beaucoup travaillé et qu'il a réussi, il reste fatigué et n'a de goût à rien. »

Tous ces malades ont conscience que leur état a changé, qu'il s'est passé quelque chose, que quelque chose s'est « déréglé ». Tous ces malades ont la volonté affirmée de retrouver leur état antérieur, de retrouver un équilibre. Nous verrons que cette notion précise du début de leurs troubles et cette volonté de trouver une solution est une des différences qui caractérise les dépressions masquées par rapport aux état dépressifs avérés où l'humeur dépressive et le ralentissement psychomoteur inhibent souvent toute volonté de guérir.

Au quotidien, la dépression masquée est une maladie extrêmement pénible. De plus, elle peut être dangereuse et constituer une menace pour la vie en cas de décompensation brutale et de passage à l'acte suicidaire.

Dans la mesure où leurs symptômes de fatigue, d'angoisse et d'insomnie sont terriblement éprouvants dans la vie courante et posent des problèmes relationnels qui peuvent devenir dramatiques, ces malades épuisés physiquement et mentalement peuvent avoir du mal — ou renoncer — à effectuer les activités les plus simples. Leur vie familiale s'en ressent, les scènes de ménage, les séparations, les divorces sont fréquents. Leur vie professionnelle est souvent compliquée par leur absentéisme, leurs difficultés à agir et leurs répercussions sur l'évolution de leur carrière.

La vie des personnes souffrant de dépression masquée représente une épreuve chaque jour renouvelée ; ils connaissent l'angoisse du petit matin, les malaises en allant au travail, ces impressions de manquer d'air, de suffoquer, les bras lourds, les muscles tendus et douloureux. Épuisés à leur travail, ils rentrent chez eux énervés et agressifs ou au contraire mornes, sans goût à rien, leur visage réflétant tristesse, désespoir, impression d'être condamné à ne jamais pouvoir s'en sortir.

Si leur médecin ne reconnaît pas une dépression masquée et décrète qu'ils ne sont pas malades ou que leurs troubles sont « nerveux » (sous-entendu : imaginaires), ils se sentent incompris et négligés et cela d'autant plus que leur entourage leur reproche parfois violemment leur état. Ils en ressentent alors une amertume qui les enfonce encore davantage dans l'angoisse et la dépression.

Or ces personnes se savent malades, elles souffrent de leurs malaises, elles souffrent de leurs craintes, elles souffrent de leur non-adaptation à l'effort, de leur non-adaptation à la vie quotidienne, elles regrettent ce qui leur arrive et voudraient retrouver une vie normale. C'est là une différence considérable avec les névrosés qui se délectent de leur état et dont la maladie constitue parfois la seule raison de vivre, alors que chez un déprimé, la maladie est ce qui l'empêche de vivre.

Cette différence est fondamentale mais, toutefois, j'aurai à revenir sur les problèmes de la dépression névrotique car il est parfois bien difficile de distinguer dans la cohorte des symptômes ce qui est dépression masquée, dystonie neurovégétative, manifestations psychosomatiques, névrose d'angoisse ou encore névrose hystérique.

Cette réserve faite, il reste que, dans la majorité des cas, chercheurs, biologistes et médecins savent que la dépression masquée est à la fois une entité autonome et une authentique maladie. Ils ont cherché à en décrypter les mécanismes neurohormonaux et psychobiologiques et peuvent proposer des solutions thérapeutiques fiables.

II

IDENTIFIER LA DÉPRESSION MASQUÉE

Au risque de paraître répétitif, il me semble indispensable de revenir en détail sur l'immense cohorte de symptômes, principalement physiques, susceptibles de caractériser une dépression masquée, symptômes qui, je le répète, peuvent évoquer pour les patients, et aussi pour leurs médecins, presque toutes les situations pathologiques. Même s'ils sont mieux informés que par le passé, nos patients ne sont pas médecins et leurs inquiétudes, leurs désarrois devant les manifestations plus ou moins fonctionnelles d'un corps qui leur demeure opaque sont tout à fait légitimes. Consulter une telle liste de symptômes, s'y référer, constitue bien souvent un premier pas dédramatisant vers la prise de conscience des ressources inépuisables des différentes structures de notre organisme.

J'insiste sur le fait que, habituellement, les médecins considèrent ces symptômes, dans leur grande majorité, comme des plaintes de nature « hystérique[1] » ou « hypocondriaque[2] », sans reconnaître la véritable composante dépressive qui les sous-tend. Attribuer une nature sim-

1. Dans le cadre d'une conversion psychosomatique, par expression symbolique d'un conflit inconscient au niveau du corps.

2. L'hypocondrie est une anxiété excessive manifestée par le sujet à propos de sa santé.

plement « névrotique » à des signes de souffrance bien individualisés revient à refuser aux patients la reconnaissance de leur état et à les priver de réelles possibilités de guérison.

Vie quotidienne et fatigue chronique

La compréhension des mécanismes généraux[1] de la dépression masquée explique l'extrême polymorphisme des manifestations de cette maladie. Mais l'impact sur l'état général est au premier rang et, avant d'en envisager les symptômes appareil par appareil, il est utile de parler du retentissement de l'état dépressif sur l'organisme considéré comme un tout, c'est-à-dire des signes généraux de la maladie. État général est ici entendu au sens large, ce qui signifie tout autant la sensation de bien-être et d'équilibre d'un individu que l'état physique de son corps, l'harmonie de ses formes et de ses traits, sa beauté, son énergie, ses activités.

Les principaux signes généraux de la dépression masquée sont :

— la *fatigue*, qui peut prendre des formes diverses (fatigue du matin, fatigabilité anormale) ;

— le *retentissement sur le corps*, qui peut être signalé par des troubles du poids (obésité ou maigreur) mais aussi des modifications du visage, traits tirés, poches sous les yeux ;

---

1. Voir le chapitre consacré aux mécanismes des dépressions masquées, p. 113.

— les *troubles des mécanismes de la régulation thermique*, en particulier certains états fébriles prolongés sans explications apparentes;

— enfin, les *troubles du sommeil*, insomnies, cauchemars ou au contraire hypersomnie.

La fatigue

La fatigue est sans doute le symptôme majeur d'une dépression masquée. Toujours importante, elle est absolument caractéristique car elle existe dans au moins 90% des cas. C'est une fatigue matinale : le matin au réveil elle est toujours présente, même après une nuit de sommeil correcte. Elle est parfois tellement prononcée que le malade doit rester au lit. Cette fatigue souvent ancienne, inexplicable, fait partie de la vie quotidienne de ces malades qui la ressentent comme une véritable fatalité.

Perpétuellement fatigués, ces malades n'ont de goût à rien : tout leur est un effort, parfois insurmontable. S'ils sont souvent fatigués le matin, les dépressifs masqués souffrent très fréquemment d'une autre forme de fatigue : de brutales sensations d'épuisement s'abattent sur eux dans la journée, soit au cours de l'après-midi, soit après les repas. Alors qu'il avait une activité normale, le malade se sent tout à coup épuisé, vidé, il doit interrompre ce qu'il faisait, s'asseoir, se reposer. Il ne peut plus soutenir aucun effort physique. Il s'agit soit d'accès de faiblesse soit d'une fatigabilité anormale, difficultés à porter une valise, impossibilité de faire une longue marche. Les différentes formes de fatigue et d'épuisement des dépressifs font partie de leur vie quotidienne. Ils savent qu'ils rencontreront la fatigue à chaque instant, quoi qu'ils fassent.

Souvent, elle les fait renoncer à leurs activités. Ils hésitent à sortir, sachant que leur épuisement les empêchera de profiter de ce qu'ils font. La fatigue est au centre de la vie de ces malades et ce symptôme leur est devenu tellement commun, tellement habituel, qu'ils le vivent comme faisant partie de leur personnalité. Les médecins confrontés à cette asthénie[1] sont souvent impuissants s'ils ne pensent pas à une dépression masquée. En effet, les médicaments stimulants, « défatigants » ou « fortifiants » que l'on prescrit habituellement ne font qu'aggraver les choses en survoltant ces malades et en augmentant leur nervosité.

Voici, par exemple, l'histoire de Mme Christine D..., jolie femme de 32 ans, mère de trois enfants, sans profession; elle semble heureuse en ménage dans la capitale régionale où elle habite. Elle souffre d'un état de fatigue intense, évoluant depuis plus de six mois. Les symptômes se caractérisent par des sensations d'épuisement responsables d'une hypersomnie diurne réactionnelle et d'un sommeil nocturne non réparateur. Il n'y a guère de signes physiques d'accompagnement (en dehors de migraines anciennes qui sont plutôt en voie de régression) et, en particulier, l'humeur semble tout à fait satisfaisante, la patiente n'évoquant aucun sentiment d'anxiété ou de tristesse ressentis comme anormaux. L'examen clinique, l'examen neurologique et les examens biologiques sont tous normaux. L'entretien révèle cependant des interrogations d'avenir très prégnantes chez cette jeune mère de famille qui envisage — sans se décider — de reprendre ses études universitaires en vue d'un emploi ultérieur. Au total, le diagnostic le plus vraisemblable est, ici aussi, celui de dépression masquée et un traitement spécifique sera à même de rétablir la situation.

Le syndrome de fatigue chronique (SFC)[2] constitue

1. Terme médical, signifiant « fatigue pathologique ».
2. Pour plus d'informations voir mon livre : *Le Virus de la déprime*, Éditions François Bourin, Paris, 1991.

une forme particulière d'état de fatigue dont il est intéressant de considérer les particularités. Il s'agit d'une maladie autonome où l'état d'asthénie intense persiste au-delà de six mois, en l'absence de toute cause physique ou psychique actuellement décelable. À la suite des travaux des chercheurs anglo-saxons, qui l'ont baptisée « maladie des yuppies », on lui suppose une origine virale, par analogie avec les états de fatigue persistants qui peuvent se manifester dans les suites d'autres maladies virales bien identifiées (hépatites, grippes, mononucléose infectieuse), mais il n'y a pas, à ce jour, de preuve formelle.

Cette affection pose des problèmes passionnants car elle reproduit tous les symptômes physiques et mentaux d'un état dépressif sévère (je ne reviens pas sur leur description) chez des sujets qui ne se sentent pas déprimés, et n'ont guère de raisons psychiques de l'être. Toutefois, on remarque constamment la présence d'une baisse des défenses immunitaires responsable d'infections à répétition (angines, otites, cystites, etc.). Bien entendu, pour certains médecins, il s'agit là d'une forme particulière de dépression masquée mais, si l'on retient l'hypothèse virale, il s'agirait bien d'une *pseudo-dépression*, de cause organique, comme il en existe beaucoup d'autres exemples que j'évoquerai ultérieurement.

Voici un cas typique de syndrome de fatigue chronique.

Jean-Pierre T. menait, à 31 ans, une vie sans histoire de cadre technico-commercial dans une grande entreprise du bâtiment. Son plan de carrière se présentait sous un jour favorable. Son ménage était harmonieux; sa femme et lui attendaient encore un an ou deux avant d'avoir des enfants.

Il y a deux ans, il alla passer avec son épouse deux semaines dans un club de vacances en Afrique noire. Au sixième jour de sa villégiature, il présenta un état infectieux aigu, suffisamment alarmant pour justifier son rapatriement sanitaire. Dans le service hospitalier parisien spécialisé en parasitologie où on le garda une semaine en observation, on n'aboutit à aucun diagnostic précis; le paludisme ou une maladie virale furent évoqués, sans diagnostic positif.

Dans les trois mois qui suivirent, il développa un état de fatigue musculaire intense, associé à des troubles de l'humeur et à des difficultés intellectuelles de plus en plus préoccupantes dans son métier. Il devint incapable de conduire, souffrant de paniques au volant et ayant du mal à se souvenir de ses itinéraires lors de ses tournées de clientèle.

Après plusieurs mois d'activité professionnelle perturbée, insuffisante pour satisfaire les exigences de son employeur, il a préféré donner sa démission plutôt que d'être licencié. Il avait maintenant du mal à boucler ses fins de mois, et sa femme songeait à le quitter. Le désespoir le guettait, ce qui évoquait alors une dépression réactionnelle.

Bien entendu, Jean-Pierre est retourné consulter à l'hôpital où les spécialistes des maladies infectieuses, perplexes, ont demandé l'avis des psychiatres et des neurologues. Ces derniers ont fait des investigations très complètes qui montrent qu'il existait chez lui effectivement des signes inhabituels de souffrance cérébrale et neuromusculaire; les troubles ressentis sont bien l'expression pure de lésions cellulaires encore mal connues. Leur conclusion a donc été : « Oui, nous vous croyons, il vous est sans doute arrivé quelque chose, mais nous n'y pouvons rien. » Quant aux psychiatres, ils ont déclaré : « Peut-être ne vous sentez-vous pas dépressif, mais c'est tout comme; seuls les antidépresseurs peuvent, peut-être, vous aider. »

Comme le test thérapeutique n'eut que des effets moyennement positifs, la question de l'origine et de la nature des troubles reste posée. Le patient retravaille mais il n'est pas guéri et, en raison de ses faibles performances physiques et intellectuelles, il doit se contenter d'un emploi nettement inférieur à sa qualification.

Le retentissement global sur le corps

Le retentissement global sur le corps fait partie des signes généraux caractéristiques d'une dépression masquée.

Ce sont le plus souvent des troubles du poids. L'obésité est sans doute le résultat d'accès de boulimie ou d'excès alimentaires, mais bien des surcharges pondérales apparaissent chez des sujets qui ne font pas d'excès de table évidents.

Très souvent la composante dépressive est un facteur constituant des troubles du métabolisme. L'anorexie, qui entraîne un amaigrissement anormal, est également très fréquente chez ces patients.

Voici un autre exemple concret.

Mme Nathalie T..., 35 ans, sans profession, trois enfants, se souvient d'avoir toujours eu des malaises : à l'école, à la gymnastique, chez le dentiste, quand on lui fait une prise de sang. Elle a toujours été nerveuse et s'évanouit facilement. Depuis quelque temps, elle se sent fatiguée, les jambes douloureuses et engourdies. Dans la journée, elle est obligée de s'allonger à cause de sensations d'épuisement brutal. On lui a parlé « d'hypoglycémie », et elle mange donc du sucre pour combattre sa fatigue; mais sa fatigue persiste, alors qu'elle prend du poids! Elle va consulter un phlébologue, pensant avoir des troubles circulatoires qui expliqueraient ses sensations de jambes lourdes. Par chance, le phlébologue ne trouve pas de varices mais évoque une dépression masquée qui sera confirmée par un avis médical spécialisé et les résultats positifs du traitement.

En dehors d'obésités ou de maigreurs évidentes, le visage des dépressifs, avérés mais également masqués, est le plus souvent caractéristique : les cernes sous les yeux, souvent bouffis, résultant de la fatigue et des insomnies peuvent être un problème quotidien. Les traits tirés, les rides profondes qui vieillissent prématurément sont provoqués par la tension musculaire permanente et désolent à juste titre ces malades. Un corps équilibré reste un des meilleurs garants de la beauté alors que nervosité et déprime constituent les principales causes de déséquilibre physique et psychique.

Les troubles de la régulation thermique

Les troubles de la régulation thermique nous ramènent à la pathologie proprement dite. Nous observons parfois, chez les sujets atteints de dépression masquée, des états subfébriles persistants (38° à 38,5°) que rien ne semble expliquer. Les malades ont vu de nombreux médecins, toutes les explorations complémentaires ont été négatives et restent négatives, et il est alors légitime de penser qu'il s'agit d'un trouble profond des mécanismes de l'homéostasie thermique lié à un système neurovégétatif déséquilibré.

Les troubles du sommeil

Les troubles du sommeil, dont j'ai déjà parlé mais sur lesquels je reviens brièvement, sont au premier plan chez les déprimés, que cet état dépressif, là encore, soit manifeste ou masqué. Il s'agit classiquement d'une insomnie de la deuxième partie de la nuit. Ces insomnies aggravent la fatigue, majorent l'anxiété et entretiennent la dépression.

Symptômes cardio-vasculaires

Nous avons vu que la localisation des symptômes d'une dépression masquée sur le cœur et les vaisseaux est extrêmement courante, entraînant des palpitations, une accélération du rythme cardiaque (tachycardie), des sensations de douleur et d'oppression thoracique mais également des troubles vasculaires des extrémités par spasmes artériels (doigts blancs).

La production de tels symptômes s'explique par l'établissement d'un cercle vicieux anxiété/spasmes musculaires. Il s'agit soit de spasmes de la musculature striée volontaire, soit de spasmes de la musculature lisse involontaire qui se trouve à l'intérieur des vaisseaux sanguins. La sécrétion d'adrénaline, perturbée dans les états dépressifs, modifie également le rythme cardiaque et vasoconstricteur. Enfin, un troisième mécanisme, l'hyperventilation, intervient en créant une alcalose respiratoire (c'est-à-dire une augmentation du pH sanguin), et cette alcalose respiratoire a également un effet vasoconstricteur au niveau artériel.

Les spasmes vasculaires entraînent des douleurs de poitrine souvent aiguës et décrites comme un coup de feu ou un coup de couteau. En outre, les spasmes, s'ils touchent les artères coronaires (artères qui irriguent le cœur), causent momentanément une mauvaise oxygénation du cœur et une douleur intense qui ressemble à celle de l'angine de poitrine (douleur pseudo-angineuse). Les douleurs permanentes et l'oppression thoracique semblent être plus liées à la constriction des muscles squelettiques dont l'état de tension continu est pénible. Les perturbations de la sécrétion périphérique d'adrénaline expliquent tachycardie et extrasystoles qui sont pour les malades un nouveau facteur de douleurs et d'angoisse.

L'ensemble de ces symptômes conduit fréquemment les dépressifs chez les cardiologues. Or, l'examen cardio-vasculaire et l'électrocardiogramme (enregistrement électrique du cœur) se révèlent le plus souvent normaux. Le cardiologue pourra donc dire en toute bonne foi que son consultant a un cœur sain et n'a pas de maladie cardio-vasculaire. Il parlera alors de douleurs liées à l'angoisse, de douleurs « nerveuses », mais souvent sans aller plus loin et sans évoquer une dépression. Le malade, toujours en proie à ses douleurs, essaiera de trouver ailleurs un soulagement.

Tel est le cas de M. Robert C... Âgé de 35 ans, ce cadre de banque est soucieux pour son avenir professionnel. Il devient coléreux, agressif. Il est fatigué, dort mal, son travail s'en ressent. Une nuit, il est réveillé en sueur par une douleur dans la poitrine; il se lève, a du mal à respirer; il se recouche, la douleur persiste, comprime la poitrine. Affolée, sa femme appelle un médecin d'urgence. L'électrocardiogramme est normal, ainsi que l'examen clinique. Un peu rassuré, M. C... finit par s'endormir. Le lendemain il ne se rend pas à son travail. Il ne souffre plus mais est exténué. Il va consulter son médecin traitant, lequel ne trouve rien d'anormal, demande une prise de sang et l'adresse à un cardiologue. Là encore l'examen est négatif, et on porte le diagnostic de « troubles fonctionnels ». Pourtant l'état de santé de M. C... ne s'améliore pas, son anxiété et sa fatigue augmentent. Il a repris son travail mais le supporte de moins en moins. Ses nuits sont mauvaises, entrecoupées de cauchemars, il se lève plus fatigué qu'il ne s'est couché. Ce ne sera qu'après plusieurs mois que l'on diagnostiquera une dépression masquée chez M. C... et que l'on commencera à le soigner.

Parfois également, en dépit de la négativité de l'examen cardiologique de base (examen clinique et électrocardiogramme), le cardiologue voudra pousser plus loin les explorations spécialisées. Il le fera pour plusieurs raisons : soit par souci légitime de ne pas laisser échapper une lésion précise, soit pour répondre aux sollicitations de son malade qui refuse d'admettre sans explications que ses symptômes n'en sont pas, soit par besoin d'affirmer son autorité sur le malade, soit aussi pour se « couvrir » d'une très peu probable omission et asseoir son statut de consultant. Commence alors la ronde des investigations cardiologiques toujours coûteuses pour le malade et la société, souvent pénibles et douloureuses, parfois dangereuses, et au bout de ce bilan, qui peut nécessiter une hospitalisation, il n'est pas exclu que l'on propose en fin de compte à notre dépressif qui s'ignore une intervention chirurgicale dont l'absolue nécessité n'est pas démontrée.

Il ne s'agit pas là de nier l'immense intérêt des explorations cardio-vasculaires ni les indiscutables succès de la chirurgie des lésions cardio-vasculaires mais simplement de remettre les choses à leur place. Connaître l'importance de la dépression masquée dans l'étiologie des douleurs de poitrine permet parfois de faire le bon diagnostic et de traiter le psychisme chez un malade à qui on ne trouve rien d'autre, avant de passer à des actes médicaux beaucoup plus lourds et contraignants.

Symptômes respiratoires

Parmi les symptômes de la dépression masquée, l'atteinte de l'appareil respiratoire est habituelle. Une oppression respiratoire est fréquemment décrite par ces malades : ils parlent d'une impression de poids sur la poitrine ou encore de l'impression d'être serré dans un étau. Leur respiration est souvent rapide, courte et parfois mal synchronisée. Au lieu de mettre en jeu le muscle principal de la fonction respiratoire qui est le diaphragme, ils utilisent surtout les muscles accessoires qui sont les muscles intercostaux et ceux du cou. Ce manque de synchronisation explique l'impression de halètement que peuvent donner ces patients. Nous savons également que cette respiration rapide et superficielle, née de l'anxiété, est en elle-même un facteur d'alcalose qui entretient l'anxiété.

Les sensations de douleur et d'oppression thoracique sont liées aux spasmes des muscles volontaires mais aussi à ceux de la musculature lisse (involontaire) des bronches. Ces spasmes bronchiques peuvent produire des respirations sifflantes, extrêmement pénibles, qui ressemblent à des crises d'asthme (respiration pseudo-asthmatique).

L'arbre respiratoire comprend également la gorge et

l'arrière-gorge, c'est-à-dire le pharynx et le larynx. La localisation de spasmes musculaires à ce niveau est tout aussi habituelle. C'est même souvent l'un des symptômes que les malades décrivent en premier : la « boule dans la gorge » n'est pas uniquement un symptôme d'anxiété, même si l'angoisse l'aggrave.

Elle correspond à une constriction, une contracture des muscles du pharynx qui peut être douloureuse et certainement angoissante en elle-même. C'est un symptôme qui peut beaucoup inquiéter ces malades car le cou et la gorge sont des parties du corps très sensibles et richement innervées. En outre, l'impression d'avoir la gorge serrée peut faire penser à un goître (développement anormal de la glande thyroïde), ce qui affole encore plus des personnes déjà anxieuses. La constriction des muscles du pharynx s'accompagne d'une difficulté à avaler et à déglutir quand il s'y associe, comme souvent, un spasme de la partie haute du tube digestif (œsophage). Là encore la crainte de maladies graves est extrêmement fréquente. Si les localisations à la gorge sont des manifestations bien connues, que les médecins savent plus ou moins dédramatiser, elles sont trop souvent considérées comme de simples symptômes d'angoisse, sans envisager leur possible composante dépressive.

Les autres manifestations respiratoires de la dépression masquée sont, en revanche, plus volontiers méconnues ; elles sont pourtant essentielles dans cette maladie, en particulier par l'hyperpnée qu'elles engendrent.

L'atteinte du larynx, qui est l'organe de la voix, entre dans le cadre des localisations respiratoires. Les cordes vocales qui modulent les sons sont des muscles ; ces muscles, comme tous les muscles de l'organisme, peuvent être touchés par l'hyperexcitabilité neuromusculaire. On assiste alors à des modifications de la voix :

voix couverte, voix cassée, enrouement permanent, difficultés à émettre certains sons. Les troubles de la voix entraînent souvent des examens spécialisés qui, s'ils restent négatifs, doivent conduire à envisager une dépression masquée.

Enfin on peut ranger, parmi les manifestations respiratoires de la maladie, la bouche sèche et les bâillements fréquents.

Symptômes digestifs

Les manifestations digestives de la dépression masquée sont nombreuses et riches car, si le tube digestif a un rôle nutritionnel évident, il a également un rôle relationnel non moins important.

Les déprimés sont des malades qui ne mangent pas ou qui mangent trop, des malades constipés ou qui ont la diarrhée, qui vomissent ou qui souffrent du ventre. Les douleurs abdominales sont très variées, allant de la gêne permanente, de la douleur sourde à la colique aiguë. Elles deviennent chroniques dans les atteintes fonctionnelles du côlon. Ces troubles des conduites alimentaires entraînent obésités ou maigreurs. Les diarrhées peuvent provoquer de véritables déshydratations. Les constipations entraînent douleurs et dégoût alimentaire. Les douleurs gastriques, les régurgitations, le ballonnement abdominal, l'aérophagie et les difficultés à avaler par dyskinésie de l'œsophage sont également très fréquents. Les douleurs hépatiques, les douleurs des voies biliaires par spasmes du sphincter bilio-duodénal[1] ou par atonie

1. Sphincter d'Oddi, muscle annulaire assurant la fermeture du canal qui amène la bile depuis la vésicule biliaire jusqu'au duodénum.

ou hypertonie de la vésicule biliaire, complètent cette symptomatologie.

Toutes ces manifestations digestives ont pour point commun de ne renvoyer à aucune maladie organique macrolésionnelle, ce qui contraste avec la présence d'une symptomatologie fonctionnelle tout à fait nette. Ces malades représentent au moins la moitié des consultants des spécialistes de la pathologie digestive.

Les symptômes du côlon

Ce sont certainement les symptômes touchant le côlon qui sont les plus nombreux. On sait que cet organe est en état de constante réactivité et il a pu être comparé à un « cerveau abdominal ».

La paroi du côlon est très richement innervée par le système nerveux autonome et c'est un terrain d'élection pour les manifestations digestives des dépressions masquées. Ces manifestations entraînent de multiples et inutiles thérapeutiques, des explorations complémentaires répétées et souvent une relation difficile entre le malade et son médecin.

Dans ce cas cependant la radiographie du côlon avec un produit de contraste (lavement baryté) révèle des aspects spécifiques. En effet, tout en montrant l'absence de toute lésion organique macroscopique, le lavement baryté met en évidence l'hyperréactivité de l'organe et les spasmes musculaires qui le contractent. On parle de côlon en « pile d'assiettes ». Les gastro-entérologues connaissent bien ces manifestations colitiques de l'hyperexcitabilité neuromusculaire. De nombreux termes tels que « colite spasmodique », « colite muqueuse neurogénique », « côlon instable », « côlon irritable », « côlon vulnérable », « côlon spastique », « colopathie psychosomatique », etc., ont été utilisés pour nommer cet état. Mais si la pathologie fonctionnelle du côlon est connue et reconnue depuis longtemps, peu de praticiens se penchent sur le véritable mécanisme microlésionnel qui l'entretient. Dans ce mécanisme, par l'hyperexcitabilité neuromusculaire et les perturbations de la sécrétion d'adrénaline, les mécanismes de la dépression masquée jouent un rôle très important. Diagnostiquer une « colopathie fonctionnelle » est une chose, rassurer le malade est bien entendu nécessaire, éliminer un cancer est indispensable. Mais la démarche diagnostique et thérapeutique doit aller plus loin. Savoir reconnaître, puis traiter la dépression masquée qui constitue souvent l'agent causal de ces troubles, c'est aller plus loin.

Ainsi, le cas suivant.

M. Maurice R..., 57 ans, agent de sécurité dans une usine, a « fait les colonies » dans sa jeunesse. Il est persuadé d'en avoir rapporté des amibes et, en tout cas, souffre chroniquement du ventre. Il est ballonné, fait de l'aérophagie, a des alternances de diarrhées et de constipation. Il est fatigué et avoue quelques « idées noires » depuis que sa femme l'a quitté. Plusieurs gastro-entérologues ont examiné ses intestins. Il a même été hospitalisé pour un bilan plus approfondi et l'on n'a pas trouvé l'ombre d'une amibe dans ses selles. Pourtant, il continue de se plaindre du ventre. Tout cela traîne depuis des années et M. R... va de médecin en médecin. Là encore, l'hypothèse d'une dépression masquée est vraisemblable.

Le « terrain hépatique »

Ce que l'on a coutume d'appeler le « terrain hépatique » fait également partie des problèmes courants rencontrés en gastro-entérologie. Les manifestations digestives des dépressions masquées en sont en grande partie responsables. La relation entre le foie et le comportement est une tradition ancienne. Sur le plan symbolique « on se fait de la bile », « on épanche sa bile », etc. Mélancolie veut dire bile noire, c'est-à-dire toxique. La première cause à laquelle pense le public devant une jaunisse est la peur ou l'émotion. Cependant ce « terrain hépatique », fait de digestions pénibles, de vomissements, de migraines, de douleurs de l'hypocondre droit, a une définition très vague sur le plan biologique car les mécanismes de la fonction hépatique sont mal pénétrés par les examens biologiques les plus variés ; là encore, on trouve parfois des arguments en faveur d'une dépression masquée.

Dans le cadre des manifestations dites « hépatiques », les symptômes touchant en fait la vésicule et les voies biliaires sont fréquents. La vésicule biliaire, en dehors de toute pathologie lithiasique (calculs de la vésicule), peut se contracter insuffisamment. Le canal qui évacue la bile depuis la vésicule jusqu'à l'intestin[1] est également sujet à des variations de son calibre ; de même et surtout le sphincter d'Oddi. Toutes ces structures sont extrêmement sensibles au spasme hypertonique qui entraîne douleurs et rétention de bile. La dépendance émotionnelle de ces dyskinésies biliaires (troubles du fonctionnement moteur) par un mécanisme d'hyperexcitabilité neuromusculaire est flagrante.

1. Canal cholédoque.

Douleurs dentaires et faciales

Toutes les douleurs dentaires et faciales qui ne relèvent pas d'une étiologie précise (névralgie du trijumeau, névralgie du glosso-pharyngien, infections dentaires, otites, sinusites) peuvent être catégorisées comme des douleurs faciales atypiques. Bien que relativement fréquentes, ces dernières sont peu connues et leur persistance est bien souvent en rapport avec une dépression masquée.

La plupart de ces patients estiment avoir des lésions organiques et attribuent leurs douleurs à des traumatismes mineurs. Ce type de douleurs commence graduellement, se fait de plus en plus intense et de plus en plus constant, jusqu'à constituer une obsession qui devient le centre des conversations et de la vie du sujet, puis un handicap suffisamment sévère pour interdire toute vie familiale ou professionnelle.

Ces malheureux dépensent souvent des fortunes en consultations répetées, en examens complémentaires sophistiqués et surtout en soins dentaires extensifs, puisqu'il se trouve toujours un dentiste pour critiquer ce qu'a fait le confrère précédent et proposer de tout reprendre à zéro. Soins répétitifs, infiltrations et anesthésies diverses, manipulations de supposées « malocclusions dentaires », ablation de tous les amalgames, reprise de tous les travaux de racines, extraction de toutes les dents suivie de la pose d'un dentier complet, ne sont que quelques-unes des situations aberrantes que l'on peut rencontrer dans ce domaine.

Bien entendu, de nombreux traitements antalgiques, y compris des morphiniques, sont proposés à ces malades, que bien des neurologues considèrent probablement comme atteints de formes atypiques de névralgies faciales. On leur propose même, parfois, en désespoir de cause, des sections nerveuses, des alcoolisations ou des électrocoagulations du ganglion de Gasser ou du ganglion stellaire.

Inutile de préciser que tout cela est traumatisant, dangereux et le plus souvent inefficace. La persistance des douleurs et leur extension à toute la face seront bientôt responsables d'une dépression nerveuse réactionnelle, celle-ci tout à fait évidente, mais c'est bien plus tôt, des années auparavant, qu'il aurait fallu suspecter, et soigner, la dépression masquée derrière ces douleurs faciales atypiques. On aurait pu épargner à ces malades non seulement des frais considérables, inutiles et mal remboursés, mais aussi des années d'errance, de souffrance et de désespoir.

Douleurs vertébrales et rhumatismes

Les dépressions masquées sont responsables d'un véritable dévoiement des mécanismes de perception de la douleur et d'une augmentation de l'hyperexcitabilité neuromusculaire. Cette dernière se manifeste au niveau des muscles squelettiques par des spasmes et des contractures. Ces spasmes et ces contractures sont la source de douleurs variées qui conduisent souvent les patients chez les rhumatologues.

Il s'agit de douleurs musculaires, souvent intenses et qui se situent le long de la colonne vertébrale ou au niveau des membres.

Au niveau du cou, la contracture des muscles de la nuque entraîne des douleurs et des sensations de lourdeur. Il existe aussi des maux de tête, sourds ou lancinants, qui siègent en arrière du crâne. Les douleurs peuvent irradier en étau sur la tête et jusqu'au-dessus des yeux.

Au niveau du dos, la douleur se localise souvent entre les omoplates, rend le travail assis pénible, elle est décrite comme une douleur taraudante qui s'accompagne d'une grande lassitude.

Au niveau de la région lombaire, la douleur peut être sourde ou violente, allant jusqu'au lumbago aigu qui cloue le malade au lit; elle est majorée par les efforts et rend parfois la marche difficile. Elle peut être compliquée d'irradiations douloureuses aux membres inférieurs réalisant des sciatiques uni- ou bilatérales.

Au niveau des membres supérieurs, les douleurs sont diffuses, s'accompagnant de crampes, de fatigabilité musculaire, de difficultés à porter des objets lourds.

Au niveau des membres inférieurs, les douleurs peuvent être importantes et isolées, accompagnées de crampes des mollets, de sensations de compression des pieds, de fourmillements dans les orteils.

L'observation suivante constitue un exemple de ce type de situation.

Mme Judith C..., 48 ans, agent immobilier, est une femme active et dynamique. Elle a un accident de la circulation sans gravité. Sa voiture est percutée à l'arrière (coup du lapin). Mme C... ne perd pas connaissance, n'a pas de traumatisme crânien. Les radiographies du crâne et du cou sont normales. Dans les semaines qui suivent, Mme C... présente de vives douleurs du cou irradiant aux bras. Elle est épuisée, nerveuse, dort mal. Elle a peur de sortir de chez elle, a des difficultés à travailler, ses cervicalgies entraînent migraines et maux de tête, son caractère habituellement enjoué devient agressif; son mari s'inquiète. Le médecin traitant demande l'avis d'un rhumatologue, qui, après des examens complémentaires excluant une hernie discale cervicale, prescrit des anti-inflammatoires. Son gynécologue, consulté par ailleurs, évoque lui des troubles préménopausiques. La situation stagne plus de six mois... Une dépression masquée est ici presque évidente.

Dans tous les cas, l'enquête rhumatologique est négative et les radiographies du squelette sont normales ou montrent des lésions mineures, banales et non évolutives, la contracture seule est responsable des douleurs et de l'impotence fonctionnelle. Les signes associés de dépression masquée sont au contraire présents et en particulier la fatigue.

Le diagnostic de dépression masquée ne doit pas échapper car dans toutes ces situations les médications antalgiques et anti-inflammatoires n'auront qu'un effet transitoire. De même, les manipulations vertébrales, qui ne déplacent pas de vertèbres, mais n'agissent que ponctuellement sur une contracture localisée, n'auront qu'un effet bénéfique passager.

Bien entendu, les rhumatologues et les médecins spécialistes de rééducation fonctionnelle n'ignorent pas qu'il faut penser à une dépression masquée devant les douleurs invalidantes de la colonne vertébrale et des membres, sans lésions rhumatologiques en évolution, car ils savent que leurs traitements auront des effets inconstants tant que le diagnostic ne sera pas correctement posé et que le cercle vicieux anxiété/douleur/contracture ne sera pas définitivement rompu.

Il ne faut pas, là non plus, négliger ou méconnaître une dépression masquée car devant des douleurs persistantes, en particulier lombaires, le risque existe d'une inflation d'explorations complémentaires traumatisantes ainsi que le risque d'une véritable dépendance du malade vis-à-vis de certains médecins pratiquant les manipulations vertébrales et toujours prêts à soulager spectaculairement d'une nouvelle contracture.

Les douleurs de la colonne vertébrale ont pu à juste titre être appelées « mal du siècle » (un de plus !) et il est vraisemblable que ce soit là une des formes les plus communes d'expression des dépressions masquées.

Certes, il existe d'authentiques maladies rhumatismales mais, même dans ces cas, la contracture est souvent le facteur douloureux principal et la présence — ou non — d'une dépression masquée associée aggrave contracture et manifestations douloureuses des arthroses, retentissant ainsi sur la perception et le vécu de telles affections.

Symptômes dermatologiques

La peau constitue un des lieux privilégiés où se manifestent les relations entre le physique et l'humeur, entre une pathologie organique macrolésionnelle et une pathologie fonctionnelle microlésionnelle. Une dépression masquée peut être présente dans bon nombre de troubles divers du revêtement cutané.

En effet, la peau participe à l'expression des émotions : on rougit de honte, on devient blanc de colère, on transpire de peur... Les phénomènes vasomoteurs et sécrétoires qui se déroulent au niveau de la peau seront alors une des composantes des émotions du sujet, d'autant plus que la peau comporte une fonction érotique et érogène bien connue.

De plus, la peau exerce un rôle symbolique protecteur. Cette fonction protectrice est représentée par la « frontière » avec l'extérieur et est aussi, sans doute, liée au souvenir de la sécurité apportée par la mère.

Enfin, les lésions de la peau, par leur évidence et leur caractère inesthétique, sont particulièrement susceptibles de retentir sur le psychisme du malade, tout en étant une forme d'expression de souffrance psychique.

Paradoxalement, ce sont souvent les sujets atteints de manifestations cutanées pathologiques qui sont les plus réticents, ou les plus hostiles, à envisager une participation émotionnelle à la genèse de leurs troubles.

Un des symptômes les plus fréquents est le prurit, c'est-à-dire des démangeaisons persistantes accompagnées du besoin de se gratter. Ce type de prurit est très souvent pur, sans manifestations cutanées objectives. Les démangeaisons peuvent toucher tout le corps de façon variable ou se localiser à différents segments, comme les organes génitaux externes (prurit vulvaire) ou l'anus (prurit anal).

D'autres atteintes comportent la présence de lésions dermatologiques objectives. Ainsi :

— Le rougissement chronique pourra être responsable d'une dilatation permanente des vaisseaux de la face (couperose et acné rosacée).

— Les troubles chroniques du fonctionnement des glandes sudoripares produisent des sueurs froides parfois très abondantes et gênantes avec transpiration profuse des mains, des aisselles et des pieds.

— Les récidives de poussées d'herpès (dermatose virale) sont en rapport avec des émotions diverses.

— Les furonculoses (dermatoses microbiennes) peuvent être rebelles à toute thérapeutique et sont souvent associées à des états dépressifs, francs ou larvés.

— Dans le déterminisme des acnés juvéniles rebelles, la surinfection et les hormones sexuelles jouent, certes, un rôle important mais anxiété, fatigue et dépression masquée sont aussi très fréquemment présentes.

— L'eczéma et l'urticaire sont des dermatoses allergiques en rapport avec des allergènes nocifs spécifiques mais la sensibilité aux allergènes, pour un individu donné, varie considérablement en fonction de son humeur et de sa tension émotionnelle ; là encore, la persistance de troubles cutanés importants, en dépit d'un traitement dermatologique bien conduit, doit faire évoquer une composante dépressive.

— Le psoriasis est une affection cutanée récidivante

dont les lésions caractéristiques (aux coudes, genoux, cuir chevelu et parfois tout le corps) sont souvent désespérantes pour ceux qui en sont atteints, qui vont volontiers de médecin en médecin. S'il existe effectivement dans cette maladie des désordres immunitaires encore mal connus, on sait également que les poussées évolutives sont volontiers contemporaines d'états pathologiques de l'humeur, anxieuse et/ou dépressive.

— Les maladies du cuir chevelu (séborrhée, alopécie, pelade), en dehors de leurs composantes particulières (génétiques et endocriniennes), évoluent par poussées, où l'on retrouve le rôle du surmenage, des émotions et des chocs affectifs.

Tous ces faits militent en faveur de la recherche et du traitement d'une tonalité dépressive, ou d'une dépression masquée, quand les manifestations cutanées très diverses se chronicisent et répondent peu ou mal aux thérapeutiques purement dermatologiques.

Manifestations neurologiques

Malaises et pertes de connaissance peuvent émailler la vie des patients atteints de dépressions masquées. Ces accès de « faiblesse » ont sans doute des causes multiples — fatigue, anxiété, mais aussi dérèglements du système nerveux central et périphérique dans son fonctionnement, son efficacité et ses performances. Les pertes de connaissance, souvent précédées d'un malaise avec flou visuel, oppression, difficultés respiratoires, engourdissement et fourmillement des extrémités, surviennent sans horaire particulier. Le malade s'évanouit; il s'effondre, inconscient, et demeure hypotonique, décontracté, mou, de quelques secondes à plusieurs minutes. S'il peut se faire mal en tombant, il n'y a, en revanche, ni morsure de la langue, ni perte des urines, ni mouvements anormaux, donc aucune des caractéristiques d'une crise d'épilepsie. Il s'agit de syncopes et malaises neurovégétatifs, ou « vagaux » et, au décours des crises, l'examen neurologique et les examens complémentaires sont habituellement normaux.

La majorité des types de maux de tête chroniques se rencontre au cours des dépressions masquées — migraines, céphalées pulsatiles, céphalées « en casque », céphalées vago-motrices, douleurs derrière les yeux, douleurs lancinantes, points fixes ou mobiles. Les migraines véritables, caractérisées par des céphalalgies intenses, unilatérales, siégeant dans les régions temporales et orbitaires, accompagnées de malaise général, de nausées, de vomissement, de photophobie avec ou sans phénomènes visuels, sont particulièrement fréquentes et la persistance d'un syndrome migraineux au long cours, résistant aux traitements et aux règles hygiéno-diététiques de prévention, doit toujours faire évoquer l'hypothèse d'une dépression masquée. C'est d'autant plus vrai que les mécanismes de la migraine mettent en jeu les systèmes adrénergiques et sérotoninergiques, eux-mêmes perturbés lors des syndromes dépressifs.

De nombreux autres signes de localisation neurologiques, tels que troubles visuels, instabilité à la marche, tremblements et fourmillements des extrémités, peuvent être présents. Ils ont tous pour caractère d'être fonctionnels (ils ne correspondent pas à une lésion neurologique précise), et d'être extrêmement courants et communs, ce qui signifie qu'on les rencontre dans bon nombre d'affections différentes.

Symptômes psychiques

Par définition, les dépressions masquées se caractérisent par l'absence d'humeur dépressive ; on n'y rencontrera, en principe, aucun des signes majeurs (la tristesse, la morosité, les idées noires, les sentiments de dévalorisation, les crises de larmes, les idées suicidaires) qui en sont l'apanage. En revanche, il faut être attentif à la présence d'autres signes psychiques tout aussi significatifs. Parmi ces derniers, j'évoquerai :

— les localisations aux fonctions intellectuelles ;
— les variations de l'humeur ;
— les modifications de la personnalité ;
— les manifestations d'anxiété ;
— les troubles obsessionnels compulsifs (TOC).

Les difficultés intellectuelles

Elles comportent des déficits d'attention, tels que distraction, difficultés à suivre une conversation, difficultés à acquérir de nouvelles notions, à comprendre une question et à y répondre. On rencontre également des déficits du calcul et des troubles de la mémoire touchant les événements récents (oubli du contenu d'un document que l'on vient de lire, oubli de ses clefs, de son portefeuille, d'un code confidentiel, etc.) alors que les souvenirs anciens sont préservés. Des troubles variés du langage (anomalies du débit, de l'articulation, confusions de mots, inversions de syllabes) peuvent également se rencontrer.

Les variations de l'humeur et l'instabilité émotionnelle

Celles-ci se traduisent par une activité désordonnée et stérile : toute la gamme des réactions émotionnelles est parcourue à la moindre modification de l'ambiance, allant de l'euphorie excessive aux réactions d'anxiété et de colère. Un mot de travers provoquera des larmes alors qu'une plaisanterie anodine déclenchera une hilarité persistante qui se transformera brutalement en indifférence lointaine.

Les modifications de la personnalité

Elles sont parfois préoccupantes pour le patient et son entourage. C'est habituellement une tendance déjà présente chez un sujet donné qui s'accentue et devient gênante. Quelqu'un d'organisé deviendra obsessionnellement méticuleux; un pessimiste sera franchement sinistre, un bon vivant, dangereusement expansif. Des contrariétés minimes déclencheront des explosions de colère et de violence chez un individu auparavant simplement impulsif; ou encore une tendance aux mensonges par omission deviendra de la mythomanie.

Les manifestations d'anxiété

On sait qu'elles sont l'une des composantes des états dépressifs; elles peuvent se présenter isolées et représenter une part importante des difficultés psychiques et affectives de ces patients. L'anxiété se manifeste sous une forme *généralisée* ou sous la forme d'*attaques de panique*.

L'anxiété généralisée se différencie de l'anxiété « normale », qui nous est familière, s'apparente à l'inquiétude, à la peur ou au trac, est contrôlable, adaptée, et s'apaise de manière rapide et prévisible. L'anxiété généralisée, au contraire, est un état pathologique invalidant, un état de tension douloureuse où l'attente et le pressentiment d'une menace entraînent un sentiment d'insécurité permanent. Je ne reviendrai pas ici sur les manifestations somatiques de l'angoisse dont j'ai déjà dressé une liste qui est loin d'être exhaustive.

Les *attaques de panique* se caractérisent par la survenue spontanée, sans cause déclenchante apparente, d'un état anxieux aigu, avec peur incontrôlée de mourir, impression d'étouffer, sensations de chaud et de froid, malaise, instabilité, vertige, palpitations et douleurs dans la poitrine, tremblements, sueurs, constriction du larynx, nausées, peur de perdre le contrôle de soi ou de devenir fou. L'attaque doit durer au moins dix minutes et se reproduire plusieurs fois au cours d'un mois, accompagnée de la terreur persistante qu'une nouvelle crise survienne, pour que l'on pose le diagnostic de *trouble panique*.

Nous connaissons maintenant certains des mécanismes biologiques du trouble panique (perturbations des systèmes adrénergique et sérotoninergique, élévation du cortisol, de l'hormone de croissance, de la prolactine) et nous savons le déclencher chimiquement, par perfusions de lactate de sodium, d'adrénaline, de yohimbine, ou encore par inhalation de gaz carbonique voire par ingestion de caféine. Une fois de plus, ces faits plaident en faveur de causes biologiques bien spécifiques à l'origine de symptômes d'allure psychologique et expliquent les succès de thérapeutiques chimiques.

Les troubles obsessionnels compulsifs (TOC)

Volontiers rangés parmi les manifestations psychiques des dépressions masquées, ils représentent une forme d'anxiété permanente s'exprimant par des idées obsédantes qui peuvent être très variées : peur de se tromper dans ses comptes, d'oublier de fermer le gaz, peur d'une contamination microbienne, peur de se tuer ou de se blesser grièvement avec une arme (ou de blesser un tiers), etc. Sous l'emprise de ces pensées obsédantes, le sujet est conduit à exécuter, malgré lui, un grand nombre de gestes répétitifs de vérification (vérification de sa monnaie, de la fermeture du gaz, de la propreté des mains, de l'inaccessibilité des armes, par exemple). La répétition permanente de ces gestes et conduites inutiles — on parle de « rituels compulsifs » — a pour résultat d'envahir toute la journée du patient qui, de ce fait, se trouve dans l'incapacité d'avoir des activités normales.

Dépressions masquées et gynécologie

Les dépressions masquées et les dépressions manifestes sont plus fréquentes chez les femmes. Sans préjuger de ce que l'on peut penser de cette prédominance, il reste néanmoins vrai que les manifestations physiques fonctionnelles du domaine de la gynécologie sont extrêmement nombreuses.

Il ne s'agit pas là de se limiter à l'aspect psychologique des « maladies des femmes » mais de comprendre que la majorité des motifs de consultation chez le gynécologue répond à cette pathologie dite « fonctionnelle », où les mécanismes propres de la dépression masquée peuvent être présents.

Les « agressions » dans la vie des femmes

La grande fréquence des problèmes de pathologie fonctionnelle, microlésionnelle chez les femmes et plus spécialement dans le domaine gynécologique est due aux agressions nombreuses, physiologiques, pathologiques ou émotionnelles que les femmes subissent tout au long de leur vie.

Les agressions physiologiques font partie naturellement de la vie féminine :

— installation des premières règles et modifications morphologiques de la puberté ;

— modifications normales du cycle menstruel sous dépendance neurohormonale ;

— grossesse et accouchement, éventuellement allaitement, qui sont physiquement éprouvants et amènent des bouleversements métaboliques et hormonaux dans l'organisme ;

— avortements spontanés ou provoqués, qui, en dehors même de la façon plus ou moins pénible dont ils sont vécus, sont également sources de tempêtes hormonales ;

— ménopause, enfin, qui est parfois vécue comme le début du vieillissement et peut être source d'accidents psychopathologiques.

Les agressions pathologiques sont également plus nombreuses chez la femme que chez l'homme :

— perturbations des réglages hormonaux ;

— kystes, fibromes et endométrioses ;

— processus tumoraux de l'utérus, des ovaires et des seins ;

— infections génitales après accouchement ou après avortement.

Les agressions psycho-émotionnelles ont elles aussi un impact : on connaît l'effet de la peur, de l'émotion, de la souffrance morale sur l'apparition ou l'arrêt des règles ou sur la production des leucorrhées (pertes blanches) et d'états douloureux.

Symptômes gynécologiques

Les gynécologues estiment que, sur la totalité des femmes qui les consultent, guère plus de 30 % présentent des troubles organiques macroscopiques (fibromes, kystes, cancers, prolapsus, etc.) et que 70 % n'ont donc aucune macrolésion décelable. La simple énumération des symptômes dont une dépression masquée peut être responsable permet de mieux comprendre l'ampleur du problème :

— les troubles des règles sont les plus typiques : aménorrhée (absence des règles) ou dysménorrhée (règles douloureuses) ;

— les douleurs pelviennes, les douleurs du périné, les névralgies ano-rectales ;

— les prurits (démangeaisons) vulvaires et les cystalgies (douleurs en urinant), sans infection urinaire ;

— les leucorrhées (pertes blanches), sans facteur infectieux ;

— la dyspareunie (contracture du vagin) et la frigidité, sur lesquelles nous reviendrons ;

— l'« inflammation » des ovaires, terme vague qui recouvre en fait la dystrophie ovarienne polykystique qui se manifeste par des douleurs du bas-ventre ou des reins, des troubles du cycle menstruel, une ovulation douloureuse. L'examen montre des ovaires augmentés de volume, lourds, douloureux, et l'on sait que cette dystrophie est liée à des soucis psycho-émotionnels et à des conflits familiaux ou sociaux.

Les grossesses

Une grossesse survenant dans un contexte de dépression masquée sera souvent compliquée et pénible, émaillée de pertes de connaissance incomplètes, de malaises qui sont soit des lipothymies, soit des syncopes, soit des vomissements spasmodiques. Après l'accouchement, ces femmes seront souvent plus que d'autres sujettes au « baby blues », cette fameuse dépression du post-partum, accompagnée d'un rejet du nouveau-né et de sentiments d'angoisse et d'indignité. On connaît maintenant le rôle essentiel de l'insuffisance en calcium dans la genèse de ces troubles, qui loin d'être purement psychologiques disparaîtront grâce à l'apport supplémentaire de calcium. En dehors de ce syndrome bien individualisé, ces femmes resteront souvent fatiguées de nombreuses semaines et présenteront des troubles trophiques des ongles, des dents et des cheveux.

On comprend aisément que, au cours de la grossesse, puis de l'allaitement s'il est pratiqué, les besoins ioniques de l'organisme augmentent considérablement et que les nombreuses occasions de déséquilibre biologique associées à des stress psychoaffectifs puissent être les vecteurs d'une dépression masquée qui devra être alors reconnue et traitée.

L'observation ci-dessous me semble tout à fait démonstrative.

Mme Gisèle M..., 43 ans, infirmière, souffre d'une endométriose (maladie de l'utérus, d'origine hormonale, qui se caractérise par un durcissement de la paroi interne de cet organe). À la suite du décès de son mari, elle présente d'importantes hémorragies utérines. Les pertes de sang sont tellement abondantes qu'une hospitalisation est nécessaire. Tous les examens sont négatifs et les traitements hémostatiques (qui visent à stopper le saignement) ont une efficacité réduite. Mme M... continue de saigner. Son état nécessite plusieurs transfusions, et une altération de l'état général s'installe ainsi qu'une fatigue profonde. Le diagnostic de dépression masquée est posé plusieurs mois plus tard et le traitement de cet état dépressif arrêtera les hémorragies, premier pas vers une future guérison.

Stérilité

Si la plupart des stérilités féminines ont des causes organiques visibles (obstruction des trompes, insuffisance de sécrétion des ovaires, anomalies de la paroi utérine), un certain nombre toutefois ne peuvent s'expliquer que par des modifications de l'humeur, responsables d'une hypermotricité des trompes ou de l'utérus, laquelle abrège le séjour de l'ovule qui n'est pas alors en mesure d'être fécondé. Il est d'ailleurs bien connu que des femmes ayant adopté un enfant après avoir tenté infructueusement de vaincre leur supposée stérilité, parfois au prix d'un véritable parcours du combattant durant des années, se retrouvent enceintes, de façon tout à fait naturelle, alors qu'elles en avaient perdu tout espoir.

De même, beaucoup d'avortements spontanés à répétition chez de jeunes femmes saines, sans lésions de l'utérus, sont sans doute explicables par des causes psychobiologiques responsables de spasmes du muscle utérin qui expulse le fœtus beaucoup trop précocement.

Dépressions masquées et vie sexuelle

La vie sexuelle des patients atteints de dépressions masquées est rarement équilibrée, elle est souvent décevante, quelquefois déviante, parfois dramatique, ponctuée d'échecs et de désespoir. Ces malades constituent certainement la majeure partie de la clientèle des sexologues, tant pour les problèmes de couple que pour les problèmes sexuels plus particuliers à l'homme ou à la femme.

Dyspareunie et frigidité

Chez les femmes, dyspareunie (contracture des muscles du vagin) et frigidité sont très fréquentes.

La dyspareunie est une contraction permanente des muscles constricteurs du vagin, qui rend la pénétration difficile, voire impossible et en tout cas extrêmement douloureuse. Les spasmes musculaires et l'anxiété sont directement responsables de cette contracture. La dyspareunie conduit ces patientes à refuser les relations sexuelles ou à les espacer par crainte de la douleur et parce que ces relations sont rarement satisfaisantes. L'acte sexuel peut être abrégé, considéré comme une épreuve à supporter ou même ressenti comme un viol. Il ne s'agit pas là d'une attitude mentale mais véritablement d'une souffrance du corps rendant insupportable ce qui devrait être un plaisir.

La frigidité (impossibilité d'obtenir un orgasme) est accompagnée, ou non, d'une absence de désir sexuel. Là encore les spasmes musculaires, l'impossibilité de se détendre, la douleur et l'anxiété ainsi que le manque de disponibilité sont responsables. Quant au partenaire, il ne reste pas indifférent et ses réactions peuvent aller du ressentiment à l'exaspération en passant par le désintérêt ou la maladresse.

Ces raisons font que les femmes souffrant de dépressions masquées sont rarement satisfaites sexuellement, même en compagnie de partenaires convenables. De plus, le manque de satisfactions sexuelles est par lui-même anxiogène et majore l'instabilité, les troubles du caractère et les composantes dépressives de ces patientes.

Éjaculation précoce et impuissance

Chez les hommes, les troubles les plus fréquents sont l'éjaculation précoce et l'impuissance.

L'éjaculation précoce se caractérise par une érection normale mais qui ne dure pas, l'orgasme masculin, c'est-à-dire l'éjaculation du sperme, survenant rapidement ou en tout cas trop rapidement pour que la femme puisse elle-même trouver le rythme de l'acte sexuel et atteindre l'orgasme. L'éjaculation se produit à la moindre sollicitation, parfois même avant la pénétration lors des contacts préliminaires. Cette éjaculation précoce est incontrôlable et liée à l'hyperexcitabilité neuromusculaire. De plus, l'angoisse de l'éjaculation précoce, l'angoisse de ne pas satisfaire sa partenaire, l'angoisse de ne pas « être à la hauteur » aggravent encore les choses et rendent le contrôle de l'érection encore plus difficile.

L'impuissance est l'absence d'érection ou une érection insuffisante pour permettre la pénétration. La fatigue elle-même, bien que fréquemment invoquée, semble rarement en cause, et il est vraisemblable que l'impuissance ait un mécanisme central, lié à l'anxiété. L'anxiété de ne pas pouvoir être en érection empêche l'érection. Sur un plan plus psychologique, on note souvent une perte de l'intérêt pour les rapports sexuels. L'impuissance est toujours très mal vécue par ces patients, soit qu'ils en veuillent à leur partenaire à qui ils reprochent de ne pas les exciter suffisamment, soit qu'elle provoque des réactions de honte. L'impuissance est de toute manière vécue comme une blessure profonde par le sujet, et ses conséquences sur la relation du couple sont majeures.

Une observation typique illustre les problèmes de l'impuissance masculine dans un cas de dépression masquée.

M. Hubert J..., 48 ans, décorateur, menait une vie sexuelle normale jusqu'à ce que sa femme le quitte. Depuis cette séparation s'était installé un état de fatigue permanent joint à des problèmes professionnels préoccupants (dépôt de bilan de sa société). Mais surtout, tout en conservant le désir de rapports sexuels, M. J... était devenu impuissant. Cette impuissance était un peu variable selon les partenaires mais habituellement presque complète. M. J... ne se sentait pas déprimé, il avait tendance à culpabiliser et avait même évoqué quelques idées de suicide. Cependant, sa fonction sexuelle organique n'était pas touchée puisque, souvent, il se réveillait en érection le matin. À l'époque M. J..., après avoir consulté plusieurs sexologues, avait entrepris, sans grand résultat, une psychothérapie à orientation analytique. Aujourd'hui, on lui prescrirait du Viagra®, sans doute avec un succès thérapeutique au moins transitoire. On peut remarquer que le mécanisme d'action de cette molécule fait intervenir la stimulation élective du système parasympathique de la région sacrée, permettant ainsi l'afflux sanguin qui rigidifie la verge. Il s'agit bien là de la correction exacte d'un dysfonctionnement neurohormonal. De toute manière, l'association d'une fatigue persistante, de difficultés sexuelles et la présence de facteurs déclenchants nets doit faire suspecter une dépression masquée et conduire à un traitement approprié.

Éjaculation précoce et impuissance font que les hommes atteints de dépression sont souvent des partenaires sexuels désastreux.

Dyspareunie et frigidité expliquent que les femmes qui en souffrent se révèlent souvent des partenaires sexuelles insupportables.

Conduites sexuelles déviantes

L'existence d'une dépression masquée a été invoquée à l'origine de conduites sexuelles déviantes, telles que la nymphomanie et son versant masculin, le donjuanisme. Sans prendre parti, il est vraisemblable que de telles débauches d'activités sexuelles ont davantage pour but d'évacuer l'angoisse que la recherche du plaisir. Un auteur américain, Irving Bieber, va même jusqu'à affirmer que de nombreux homosexuels sont chroniquement déprimés et que, chez certains, leur attitude systématiquement « gay » constitue une façon de dissimuler leur dépression latente.

Le traitement des troubles sexuels des dépressions masquées fait partie de l'abord global de la maladie et doit intégrer la notion que bien des médicaments utilisés dans le contrôle des symptômes de l'anxiété peuvent avoir des effets néfastes, en particulier, sur les performances sexuelles. Là encore, le médecin devra reconnaître ces états, les expliquer et les soigner. Les progrès thérapeutiques ont démontré l'existence de mécanismes physiologiques précis, responsables de troubles qu'il est possible de corriger et qui sont accessibles aux traitements.

Maladies du stress

« Stress », le mot est devenu tellement courant et banal que l'on n'y prend plus garde ; dans le langage de tous les jours, le stress est ressenti comme un état d'épuisement, de fatigue ou de lassitude, accompagné de tension nerveuse. Pourtant, le stress en lui-même, ou « réponse non spécifique de l'organisme à toute demande qui lui est faite » (le concept fut développé par Hans Selye), n'est pas un phénomène néfaste en soi, puisque cela signifie que n'importe quelle demande[1], bonne ou mauvaise, provoque la même réponse biologique dans l'organisme. Qu'il s'agisse d'une émotion agréable ou, au contraire, d'une mauvaise nouvelle, il y a nécessairement stress et réponses physiologiques au stress[2], destinées à conformer l'organisme aux nouvelles conditions. Dans la majorité des conditions normales, les réponses de l'organisme sont harmonieuses et adaptées aux possibilités du sujet, c'est un bon stress, mais, parfois, les réponses exigées dépassent les capacités d'adaptation et de résistance de l'organisme, c'est alors un mauvais stress (*distress* en anglais) dont l'accumula-

1. Physique, psychologique ou émotionnelle.
2. Accélération du cœur, respiration plus ample, augmentation de la glycémie, libération des acides gras, etc.

tion peut être destructrice, responsable d'une usure des organes, de maladies d'adaptation et de nombreux symptômes pathologiques, toujours plus ou moins les mêmes, tels que fatigue du matin, épuisement, lassitude, tension nerveuse, fatigue intellectuelle, trous de mémoire, baisse du rendement intellectuel, courbatures, irritabilité, anxiété, troubles du sommeil, maux de tête et migraines, fatigue sexuelle, pertes de l'appétit, boulimie, etc. En apparence maladie des temps modernes[1], le stress propose un modèle biologique d'explication des symptômes pathologiques en faisant intervenir les composantes normales des mécanismes de défense et d'accommodation qui contrôlent l'adaptation de l'organisme; phénomène normal, dont la répétition exagérée constituerait bien le facteur pathogène.

Il est courant d'affirmer que l'on ne peut identifier le stress que par l'état de stress qu'il engendre, c'est-à-dire les modifications qu'il produit. Autrement dit, l'intensité du stress ne serait mesurable qu'à ses conséquences, mais, dans le problème qui nous occupe, la dépression masquée est-elle bien une conséquence du stress, ou plutôt de son accumulation? La question ne se pose pas ainsi; en réalité, c'est au niveau de la nature des facteurs de stress eux-mêmes qu'il faut rechercher des explications.

Une description détaillée, mais encore incomplète, des défauts de notre mode de vie et des éléments d'un mauvais climat psychoaffectif, que l'on nomme facteurs de stress, représente une liste plutôt longue.

Le travail

Cause de fatigue, de stress, puis de dépression masquée, le travail est parfois trop hiérarchisé, trop parcel-

---

1. Le stress a toujours existé en tant que phénomène biologique mais il est devenu plus psychologique que physique, plus néfaste car les besoins d'adaptation sont plus grands en raison de changements socio-économiques et culturels beaucoup plus rapides.

laire, trop complexe, trop organisé ou trop confus, trop technologique, trop déshumanisé, et il a souvent perdu le contact direct avec la matière. La course à la réussite, qui exige de nous toujours plus de performances, de disponibilité au service de l'entreprise, aux dépens de l'épanouissement personnel, fragilise l'organisme et sape nos défenses. Si nous protestons ou refusons, les spectres de la perte d'emploi, du chômage, des difficultés financières sont là pour nous pousser à plus de coopération, à plus de surmenage. Même un travail considéré comme peu stressant peut devenir source de contraintes et de tensions à cause de l'ennui qu'il provoque et du sentiment d'inutilité qui s'en dégage; l'absence de stress constitue également un stress redoutable. Si, au contraire, tel un bon petit soldat, vous vous investissez trop dans votre travail et niez votre « ras-le-bol », vous risquez de souffrir d'une véritable intoxication (les Américains disent *workaholic*, néologisme forgé sur le mot « alcoolique »), vous courez à l'épuisement physique et mental.

Le monde contemporain

Le monde dans lequel nous vivons est loin d'être innocent. Le temps et l'histoire se sont accélérés, nous sommes surstimulés par les bruits (de la foule, de la rue, des médias) et nous recevons un flot d'informations visuelles (télévision, flashs, publicité, affiches, etc.) qu'il nous faut intégrer quand tout va trop vite et se brouille.

Les transports

Leurs conditions, leur durée, l'éloignement du domicile au lieu de travail, les embouteillages, les dangers réels de la conduite automobile, l'entassement des individus dans des métros ou des autobus lents, mal aérés, à l'hygiène relative, à la sécurité discutable, les grèves, programmées ou non, sont autant de contraintes quotidiennes, accumulées au fil des années, auxquelles nous nous adaptons tant bien que mal, mais qui nous usent.

Les conditions de logement

Elles ne sont pas toujours idéales. Appartements trop petits, trop bruyants, trop chers (en location ou en accession à la propriété), problèmes de voisinage, manque d'intimité, insécurité, ne sont que quelques-uns des maux de l'époque qui contribuent à rendre la vie intenable à bon nombre de nos concitoyens et qui expliquent — aussi — une part de leur fatigue, donc de leur déprime.

La vie familiale

Celle-ci n'est pas toujours, loin de là, le havre de paix et d'harmonie qu'elle pourrait être. Sans même parler des difficultés conjugales majeures (séparations, divorces) de plus en plus fréquentes, la simple cohabitation est source de tensions. Les décisions à prendre à propos de l'éducation des enfants provoquent des conflits ; nos enfants nous exaspèrent. Ajoutez des belles-familles envahissantes, d'éventuels problèmes d'argent, d'inévitables divergences de caractère, des week-ends harassants, des travaux de bricolage indispensables mais parfois épuisants, des distractions coûteuses mais rarement satisfaisantes, une télévision omniprésente, quelques « coups de canif dans le contrat », et vous aurez les principaux ingrédients des possibles causes de dépression masquée inscrites dans la vie familiale contemporaine.

Le sport

Nos loisirs, et le sport en particulier, peuvent être cause de stress méconnus. De même qu'il existe des intoxiqués du travail, les intoxiqués du sport ne sont pas rares. Autant entretenir son corps, l'adapter à l'effort est salutaire, autant il est pathologique de s'investir massivement dans une pratique sportive jusqu'à souffrir d'un véritable état d'épuisement. L'activité physique doit rester un moyen de détente ; s'acharner à en faire trop est un comportement névrotique, donc dangereux pour le mental.

Les coups durs

De nombreux autres facteurs de stress, ceux-là inévitables et autrement plus perturbants, doivent être évoqués. Maladies diverses (de vous-même, du conjoint ou des enfants), interventions chirurgicales, accidents, licenciements et chômage, perte d'êtres chers, constituent autant de coups durs qu'il nous faut encaisser, si possible sans nous effondrer. Mais tenir le choc n'est pas donné à tout le monde !

La chronobiologie[1]

Les enseignements de la chronobiologie apportent des données nouvelles aux nombreux facteurs de stress déjà évoqués. Notre horloge interne est programmée sur 24 heures avec une alternance veille-sommeil relativement stable. Cette alternance rythme toutes les fonctions de l'organisme (température, sécrétions hormonales, etc.). Tout changement de rythme, imposé de l'extérieur, entraîne des perturbations physiologiques profondes qui se manifestent par fatigue, anxiété, troubles du sommeil... Plus les changements sont brutaux, répétés,

1. Science qui explore les variations des fonctions de notre organisme au cours du temps, qu'il s'agisse du rythme des 24 heures de la journée (rythmes circadiens), du rythme des saisons ou du rythme de l'année.

durables et capricieux, plus la désynchronisation sera importante, plus le stress sera intense, plus des occasions de dépressions masquées seront prêtes à surgir.

Les toxiques

Je termine cette revue par la consommation excessive de toxiques « récréatifs » (alcool, tabac, drogues, café, thé) et médicamenteux (tranquillisants, laxatifs, diurétiques, cures d'amaigrissement, etc.) ainsi que par l'incroyable développement des pollutions industrielles et alimentaires de toutes sortes qui caractérisent notre époque. Molécules dévoyées, gaz d'échappement, oxydes de carbone, de soufre, d'azote, colorants et additifs alimentaires, etc. contribuent à abaisser notre seuil de résistance en entravant des processus métaboliques vitaux et en diminuant nos mécanismes de défense.

Bien entendu, tout le monde est plus ou moins stressé, mais tout le monde ne tombe pas malade, tous les sujets stressés ne souffrent pas d'une dépression masquée. Le stress ne représente que l'un des éléments constitutifs d'un faisceau complexe de circonstances pathogènes, lesquelles seront réunies dans un même individu, imprimant une allure « originale », personnelle, spécifique et unique à l'expression symptomatique de sa dépression masquée.

Dépressions masquées de l'enfance et de l'adolescence

Il est souvent difficile de reconnaître une dépression masquée chez un enfant ou un adolescent car cette notion recouvre un grand nombre de manifestations dont on peut se demander, à juste titre, si elles sont « normales » ou non. Il faudra envisager à la fois la symptomatologie et le mode d'être de ces jeunes patients.

Des « enfants à problèmes »

Les enfants déprimés sont souvent des « enfants à problèmes » qui présentent des troubles du caractère : enfants difficiles, insupportables ou au contraire mous, apathiques, fatigués. Ils peuvent avoir des difficultés d'adaptation scolaire qui retentissent sur leurs résultats et leur assiduité. Ils sont parfois coléreux, agressifs, violents, et ils dorment souvent mal ou trop.

Incidents pathologiques

Ces enfants au caractère difficile ont souvent eu une croissance émaillée d'incidents pathologiques.

Nourrissons, ils ont pu faire des convulsions hyperthermiques (convulsions en rapport avec une fièvre élevée) ou des spasmes du sanglot (pertes de connaissance au cours des pleurs). Il s'agit là de manifestations qui, à juste titre, inquiètent les parents mais pour lesquelles les examens et en particulier les électroencéphalogrammes sont rassurants et permettent d'éliminer la crainte d'une épilepsie.

Plus âgés, ils ont été fréquemment sujets à des maladies bénignes. Ils font partie de ces enfants que l'on conduit souvent chez le médecin. Les enfants menacés de dépression ont eu également, semble-t-il, plus d'accidents que les autres, sans doute parce qu'ils sont plus nerveux et inattentifs.

Symptômes

Là encore l'obésité ou la maigreur s'observent couramment, ainsi que des constipations.

Chez les préadolescents et adolescents, la dépression masquée se manifeste surtout par des maux de tête et une fatigue qui peuvent être associés à une baisse des résultats scolaires. Les troubles du caractère sont fréquents, nous l'avons vu, et aggravent les problèmes posés par la puberté.

Leur vie quotidienne, caractérisée par l'agitation ou l'apathie, la fatigue, les insomnies, les activités brouillonnes et désordonnées, se déroule souvent dans un contexte familial pathogène et déstructuré, soit en raison des problèmes psychologiques des parents[1], soit à cause des nombreux non-dits et tensions affectives qui entourent leur éducation.

Bien entendu ces enfants « nerveux » ou à pro-

---

1. Je rappelle qu'il existe souvent une composante génétique dans les syndromes dépressifs.

blèmes sont fréquemment conduits chez les médecins. Là encore, la tentation peut être grande de considérer qu'ils n'ont rien d'anormal et de leur prescrire divers sédatifs ou tranquillisants, d'autant que les parents excédés le réclament souvent. Mais il est avant tout nécessaire de reconnaître chez eux une éventuelle dépression masquée, à traiter comme telle.

Le jeune Raphaël B..., 12 ans, était un enfant bien portant, un peu turbulent. Depuis son entrée en sixième, l'année dernière, ses résultats scolaires sont médiocres et il devra peut-être redoubler. Il se plaint souvent d'être fatigué et, à la maison, il est distrait, a peu d'appétit et dort beaucoup. Le matin, il a du mal à se réveiller. Tous ces troubles inquiètent sa mère qui sollicite l'avis du pédiatre. Ce dernier ne trouve rien de suspect, temporise, parle de problèmes d'adaptation, prescrit des fortifiants. Pendant un semestre, la situation ne change guère, Raphaël se plaint maintenant de maux de tête, ses difficultés scolaires se sont accentuées en fin d'année et le redoublement est désormais inéluctable. Le pédiatre, reconsulté, vérifie l'absence de lésions organiques et estime que l'inquiétude de la maman entretient les symptômes de son fils. Une ébauche de prise en charge par une psychologue révèle, certes, que Raphaël n'avait pas très bien accepté la naissance d'un petit frère, trois ans plus tôt, mais n'en gardait pas de ressentiment apparent, les parents n'ayant pas modifié leur attitude vis-à-vis de l'aîné; après trois séances où l'état de l'enfant n'évolue pas, les entretiens sont interrompus.

En réalité, il s'agit là d'une authentique dépression masquée de la préadolescence qui nécessitera un traitement mixte associant médicaments et poursuite de la psychothérapie.

C'est souvent chez les adolescents que les dépressions masquées s'expriment par des modifications comportementales, en particulier par des conduites déviantes, telles que consommation excessive d'alcool et de tabac, expériences de prise de drogues, fugues, effondrement des résultats scolaires, agressivité majeure à l'égard des proches et de l'entourage familial, anorexie ou boulimie. Il faut, certes, garder la tête froide et éviter de psychiatriser à outrance ce qui n'est parfois qu'une période de passage un peu difficile à négocier, mais toute modification récente et persistante des modes de vie habituels du jeune sujet doit faire envisager l'hypothèse d'une dépression masquée, conduisant à rechercher, sans trop tarder, un avis spécialisé.

Dépressions masquées et vieillissement

S'il est parfois difficile d'identifier une dépression masquée chez un enfant ou chez un adolescent, qu'en est-il chez un sujet âgé ? Là encore, là surtout, les signes sont particulièrement trompeurs, les personnes âgées souffrant déjà, dans bien des cas, d'une ou de plusieurs affections organiques bien identifiées, et étant déjà soumises à des traitements médicaux plus ou moins lourds et continus. Qu'il s'agisse d'arthroses douloureuses, d'hypertension artérielle, de diabète, d'insuffisance coronarienne, de maladie de Parkinson, etc., le retentissement de ces états pathologiques chroniques sur la personne est évident et les modifications de l'humeur sont donc fréquentes, faites de désintérêt du quotidien, d'anxiété, de troubles du sommeil. Il s'agit alors plutôt de véritables dépressions réactionnelles que de dépressions masquées telles que je les envisage dans cet ouvrage. En réalité, chez les personnes âgées, la frontière est ténue entre les différents types de dépression; ces patients étant peu familiers des verbalisations[1], toute souffrance psychique aura tendance à s'exprimer sous forme phy-

1. Les vieillards ne sont pas des enfants mais, tout comme pour ces derniers, la verbalisation d'une souffrance psychique leur est souvent difficile voire impossible. La maladie physique constitue alors le principal mode de communication, mais aussi de manipulation.

sique et organique[1], constituant des formes d'appel à l'aide.

Ce sont surtout les modifications du comportement quotidien qui doivent alerter la famille et les proches, sans perdre de vue que ces changements peuvent signaler aussi bien l'émergence d'un état dépressif (masqué ou manifeste) que celle de n'importe quel autre type de pathologie, qu'il s'agisse d'un problème organique, d'une maladie neurologique, voire d'un début de démence.

En pratique, il faudra être particulièrement attentif aux signes suivants :

— apathie, inertie, indifférence, manque d'intérêt et de motivation pour tout type d'activité ;

— incapacité à ressentir et à exprimer du plaisir, de la joie, de la douleur ou de la tristesse ;

— étalage de sentiments d'abandon, de faiblesse ou d'impuissance, exprimés sous forme de nervosité et d'inaptitude à supporter les contrariétés et associés à une exagération des maladies ou des déficits (visuels, auditifs, moteurs, etc.) déjà existants ;

— exagération manifeste des douleurs et des infirmités avec, ou non, réactions physiques (sueurs, essoufflement, tachycardie) ;

— hypocondrie, peur nouvelle de la maladie, interprétation de tout symptôme mineur comme un signe de désintégration imminente ;

— modifications de l'humeur avec perte de tout entrain, tristesse, sentiment de vide, de futilité, préoccupations anxieuses, irritabilité ;

— expression d'attitudes et de sentiments clairement dépressifs, qui peuvent s'accompagner de comportements dangereux pour le sujet (en particulier dans la conduite automobile) ;

— agitation extrême, sans causes déclenchantes précises ;

1. Bien entendu, bon nombre de symptômes physiques de dépression masquée, décrits précédemment, se rencontrent chez les personnes âgées.

— réactions de type paranoïaque, avec violents accès de colère, à des comportements anodins de l'entourage qui se voit accusé de voler, de tromper, d'exploiter, de tenter de nuire au sujet, voire de le tuer ;

— exploitation et manipulation de l'entourage avec tentatives de s'y accrocher et d'en contrôler toutes les conduites ;

— attitudes autoritaires, punitives, contraignantes et dominatrices vis-à-vis des proches à qui l'on reprochera la moindre initiative.

Tous ces facteurs peuvent être présents simultanément mais, le plus souvent, ils apparaissent de façon aléatoire chez des personnes qui, auparavant, ne posaient pas de problèmes relationnels particuliers à leurs proches. Bien que maladroits et inadaptés, ces comportements sont la traduction d'un sentiment de profonde impuissance et sont destinés à obtenir l'aide des autres, devant les ravages douloureux causés par des modifications de l'humeur et un désespoir qui ne savent plus comment s'exprimer.

Dépressions masquées ou dépressions masquantes ?

Si l'on reconnaît, aujourd'hui, que dépressions et dépressions masquées ne sont ni folie ni faiblesse de caractère, si on leur attribue le statut de maladies à part entière, il n'en demeure pas moins que l'on continue à privilégier, parmi les facteurs impliqués, les causes psychologiques (personnalité, aléas de l'existence, deuils, difficultés personnelles) aux dépens des causes physiques (maladies organiques).

Or toute altération, lésionnelle ou fonctionnelle, des structures anatomiques et du système régulateur de l'humeur provoque l'apparition de multiples symptômes évoquant la dépression masquée, quand l'humeur dépressive et la douleur morale sont absentes. Dans cette perspective neurobiologique, ce sont des facteurs déclenchants ou d'entretien, endogènes ou exogènes (toxiques, métaboliques, hormonaux, infectieux) qui sont responsables des symptômes visibles, ces derniers n'étant qu'exceptionnellement ceux d'un état dépressif caractérisé.

C'est pourquoi il me faut maintenant aborder le problème des « pseudo-dépressions ». Elles ressemblent à une dépression masquée, elles en comportent de nombreux symptômes déjà largement évoqués, mais ce ne sont pas de véritables dépressions car elles ont des causes authentiquement organiques. On peut alors parler de dépressions « masquantes » quand un ou plusieurs symptômes invalidants (fatigue intense, maux de tête, impuissance, oppression thoracique...) sont au premier plan du tableau clinique de la maladie et cachent la cause réelle.

Le diagnostic étiologique[1] des états pseudo-dépressifs, ou dépressions masquantes, ressemble à une expédition à travers les grands chapitres de la pathologie médicale. Je distinguerai les causes hormonales, neurologiques, métaboliques, toxiques et médicamenteuses, cardio-respiratoires et infectieuses ainsi que les états pseudo-dépressifs en rapport avec un cancer ou une maladie de système.

Dépressions masquantes de cause hormonale

On connaît depuis longtemps les rapports étroits qui existent entre l'équilibre hormonal et la régulation de l'humeur.

La pathologie de la glande thyroïde en est particulièrement représentative : une hyperthyroïdie (augmentation des hormones thyroïdiennes) provoque fatigue, amaigrissement, douleurs thoraciques, palpitations, anxiété, agitation, mais aussi, surtout chez les personnes âgées, une apathie qui évoque la mélancolie. L'hypothyroïdie (diminution des hormones thyroïdiennes), elle, est responsable d'un ralentissement psychomoteur avec épuisement, morosité et prise de poids.

Les déficits en hormones surrénales (hypocorticismes) sont responsables d'états pseudo-dépressifs cari-

1. Je rappelle que l'étiologie est la science qui recherche et détermine les causes des maladies.

caturaux, de même que les excès (hypercorticismes), où l'on retrouve, dans 50 à 80 % des cas, des troubles de l'humeur qui peuvent rester longtemps trompeurs.

Les parathyroïdes règlent le métabolisme phosphocalcique, et l'on connaît le rôle crucial du calcium dans la modulation de l'excitabilité neuromusculaire. Trop de calcium crée un état pseudo-dépressif; trop peu de calcium sera responsable d'anxiété, de fatigue chronique, de labilité émotionnelle.

Il est vraisemblable, mais pas encore établi avec certitude, que certaines perturbations des autres métabolismes endocriniens (en particulier celui des hormones sexuelles) jouent un rôle dans l'apparition d'un état pseudo-dépressif. Nous savons, par exemple, que le taux de prolactine (une hormone hypophysaire) augmente dans les situations de stress, et tout le monde est averti des modifications de caractère survenant au cours de la ménopause.

Dépressions masquantes de cause neurologique

De multiples affections neurologiques s'accompagnent de symptômes fonctionnels de la série dépressive (apathie, malaises, modifications du caractère, ralentissement intellectuel...), et même si, heureusement, cela n'est pas fréquent, tout médecin a eu l'occasion de rencontrer, ou de lire, des observations terrorisantes de patients longtemps considérés, à tort, comme des névrosés ou des dépressifs, alors qu'ils étaient porteurs d'une tumeur cérébrale.

Il ne faut pas croire qu'il s'agit de cas extrêmes. En effet, les tumeurs cérébrales peuvent être particulièrement trompeuses; tout dépend de leur localisation et de la vitesse de leur évolution, mais plus de 10 % de ces malades se présentent comme des dépressifs « purs »; il leur manque seulement la douleur morale et l'inhibition de l'action, cette dernière ayant été confondue avec un ralentissement de l'activité d'origine neurologique.

C'est dire la nécessité absolue de pratiquer un bilan neurologique complet chez tout malade, avant de pouvoir parler de dépression, masquée ou non.

Une dépression masquante peut également précéder ou accompagner une maladie de Parkinson, une maladie de Wilson (trouble du métabolisme du cuivre). À ce propos, il faut se souvenir de la triste histoire de cette jeune fille de 16 ans, décédée de la maladie de Wilson après avoir passé deux ans en psychiatrie à Besançon. L'hôpital a été condamné en justice, reconnu coupable d'avoir été incapable de faire le bon diagnostic, mais cette malheureuse aurait pu être sauvée si elle avait été soignée à temps.

D'autres affections neurologiques bien individualisées comme les scléroses en plaques, les épilepsies, certaines démences, certaines maladies génétiques (chorée de Huntington) peuvent se manifester uniquement, à leur début voire pendant longtemps, par des signes fonctionnels et des perturbations de l'humeur d'allure faussement dépressive.

Dépressions masquantes de cause métabolique

La baisse prolongée ou soudaine du taux de sucre dans le sang (hypoglycémie) provoque des symptômes cérébraux extrêmement variés, tels que malaises, sensations de vertiges, pertes de connaissance, anxiété, fatigue...

D'autres carences métaboliques, portant sur les acides aminés (tryptophane, tyrosine), les vitamines (acide folique, vitamine C, vitamines PP et B12), les sels minéraux (magnésium, calcium), les oligo-éléments (zinc, lithium, cuivre...) sont bien connues pour engendrer des troubles de l'humeur d'allure psychiatrique.

Toutes ces substances jouent un rôle essentiel dans la synthèse des neuromédiateurs, et l'on conçoit bien que des perturbations de leur apport et de leur métabolisme puissent induire un état pseudo-dépressif.

Dépressions masquantes de cause médicamenteuse et toxique

De nombreux médicaments peuvent être impliqués dans l'apparition de symptômes évoquant une dépression nerveuse, manifeste ou masquée.

Les plus souvent cités sont les produits à visée cardio-vasculaire (bêtabloquants, digitaliques, réserpine, certains diurétiques...) et les médicaments neuropsychotropes[1], tels que les tranquillisants, les antiparkinsoniens, les barbituriques, les antiulcéreux, etc.

La consommation de toxiques, qu'il s'agisse de drogues au sens strict du terme (marijuana, cocaïne, amphétamines, hallucinogènes), de dopants, ou d'alcool en excès, provoque des symptômes dépressifs graves, aussi bien lors de leur utilisation régulière qu'en cas de tentative de sevrage.

Si, en matière de médicaments, l'interrogatoire médical est relativement fiable (dans l'ensemble les patients savent attribuer à un produit nouveau certains troubles inhabituels), encore faut-il y procéder soigneusement, en tenir compte et écouter les éventuelles doléances des malades.

En revanche, en matière de dopage et de toxicomanies, la fiabilité des renseignements recueillis est rarement suffisante, et des examens de laboratoire seront nécessaires pour mettre en évidence les substances responsables, ainsi que leur concentration dans l'organisme.

1. Se dit de substances qui agissent sur le système nerveux et/ou sur le psychisme.

Dépressions masquantes causées par les cancers

On a, depuis longtemps, souligné les rapports qui semblent exister entre les troubles de l'humeur et les états cancéreux. Sans que l'on puisse en apporter la preuve, il semble bien que les sujets dépressifs aient une plus grande probabilité de développer une tumeur maligne que des individus sereins et optimistes.

Inversement, mais dans cette même optique, des études ont été menées sur le cancer du pancréas, tumeur longtemps silencieuse cliniquement, où il n'est pas rare de rencontrer des états faussement dépressifs évoluant ouvertement, pendant que la néoformation tapie dans les profondeurs du corps grossit à bas bruit.

Dépressions masquantes causées par les « maladies de système »

Les signes et complications neuropsychiques sont, certes, susceptibles de survenir dans un contexte évocateur de lupus érythémateux disséminé, de maladie de Gougerot-Sjögren, de maladie de Horton (pour citer les plus fréquentes de ces maladies de système), mais, bien souvent, les troubles de l'humeur, la labilité émotionnelle, l'anxiété chronique, les douleurs vagues, la fatigue intense sont des symptômes inauguraux qui peuvent longtemps faire cavalier seul, d'autant plus qu'il s'agit là de diagnostics difficiles. Le risque de négliger une origine organique, ou la tentation de la nier, n'en est que plus important.

Dépressions masquantes de cause cardio-respiratoire

Les manques d'oxygénation (hypoxie chronique), causées par les insuffisances cardiaques, les insuffisances respiratoires, l'emphysème pulmonaire, etc., sont responsables de symptômes de fatigue, de morosité, d'angoisses, d'oppression et de douleurs thoraciques, de fourmillements des extrémités, pouvant, à tort, évoquer une dépression masquée, si l'on néglige le facteur respiratoire.

Les apnées du sommeil, pourtant fréquentes (0,7 % de la population), furent longtemps méconnues. Il s'agit de ronfleurs qui dorment trop dans la journée, se plaignent de troubles de la concentration, d'irritabilité, d'agressivité, d'idées noires, de troubles sexuels. De là à porter hâtivement un diagnostic de dépression masquée, il n'y a qu'un pas ! En réalité, ils ont simplement besoin que l'on rétablisse la continuité de leur sommeil et de leur oxygénation nocturne.

Dépressions masquantes de cause infectieuse

La tuberculose pulmonaire constitue un exemple historique de l'existence de symptômes psychiques pseudo-dépressifs associés à une infection chronique, mais bien d'autres maladies organiques, à localisation cérébrale, peuvent avoir une présentation initiale faussement dépressive. Que ce soient la maladie de Whipple[1], la maladie de Lyme[2], ou encore la syphilis, l'atteinte neurologique objective peut être difficile à mettre en évidence. Dans ces contextes, la ponction lombaire et les sérologies permettent de rectifier le diagnostic.

1. Maladie difficile à identifier, caractérisée par des douleurs articulaires et musculaires, des ganglions, des diarrhées, une fatigue par baisse sévère de la pression artérielle ; la cause en est des dépôts de graisse dans certaines cellules de l'immunité (macrophages). Non traitée, cette maladie est mortelle mais elle guérit grâce aux antibiotiques.

2. Ou maladie des tiques du chien. De diagnostic difficile, elle est due à une bactérie transmissible et provoque un état de fatigue intense, associé à des manifestations cardiaques et nerveuses persistantes. Le traitement antibiotique est efficace.

Le sida lui-même peut être très trompeur au début[1]. Des troubles isolés, d'allure dépressive, ont été retrouvés dans 30 % des cas, signant une atteinte cérébrale précoce chez des malades dont l'examen neurologique était normal.

En revanche, pour les nombreuses affections où une étiologie précise, infectieuse, virale, ou autre, ne fait pas sa preuve, tel le syndrome de fatigue chronique — modèle des états pseudo-dépressifs —, il devient impossible de trancher; c'est alors davantage affaire de convictions, d'idéologies et non de médecine, encore moins de science.

Dépression masquante ou dépression masquée? voilà la question cruciale dont débattent inlassablement les médecins, qu'ils soient somaticiens ou psychiatres.

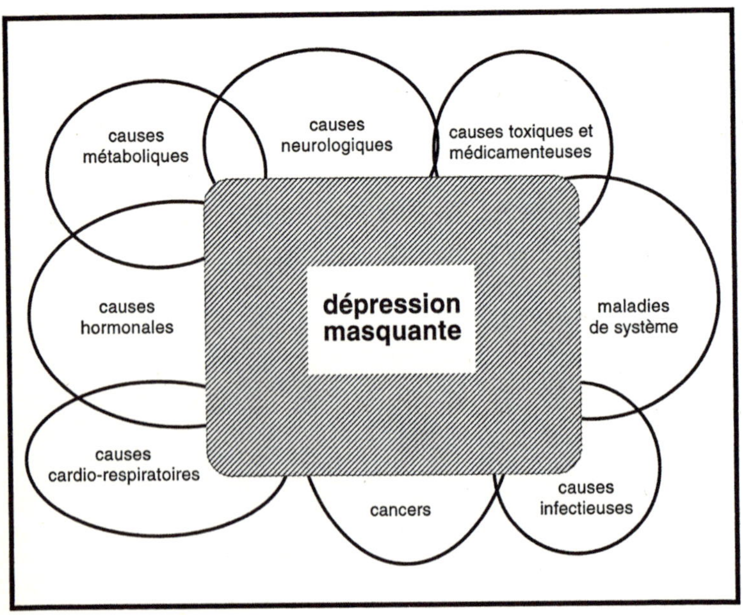

1. Je rappelle à ce sujet que non seulement la recherche sérologique du virus HIV n'est pas systématique, mais que la réalisation de ce test peut être refusée par le patient, sans que l'on puisse s'y opposer.

Le tableau ci-contre illustre ces situations parfois difficiles à identifier. On y visualise comment les symptômes des diverses affections organiques en cause sont masqués par un ensemble de manifestations pseudo-dépressives, constituant bien une dépression masquante, puisque c'est elle qui est principalement visible au premier plan.

III

MAÎTRISER LA DÉPRESSION MASQUÉE

Les mécanismes psychobiologiques des syndromes dépressifs

Les mécanismes exacts des dépressions, et des dépressions masquées, ne sont pas encore entièrement élucidés, mais on a pu mettre en évidence un certain nombre de processus biologiques qui interviennent dans la création des symptômes somatiques et dans l'élaboration des signes psychiques. Les principaux acteurs, ainsi que leurs rôles dans la genèse de cette maladie sont également connus. De même, différentes structures physiologiques de l'organisme sont mises en jeu par les états dépressifs. Ce sont les muscles striés (muscles volontaires), les muscles lisses (muscles involontaires), le système nerveux central, le système nerveux périphérique, le système nerveux autonome, les jonctions neuromusculaires, enfin différentes hormones et les glandes endocrines qui les sécrètent.

Je n'aborderai pas, à ce stade, les mécanismes psychologiques des dépressions, ni leurs motifs inconscients (perte d'image positive de soi et perte de relation positive avec l'autre), pour centrer cet exposé sur les seules constatations neurobiologiques.

Nous verrons ainsi que la dépression masquée fait intervenir une véritable pathologie microlésionnelle, c'est-à-dire qu'à son origine il existe des lésions minimes mais authentiques de nombreux organes et constituants du corps humain. Ces microlésions ne sont pas qualitativement différentes des lésions beaucoup plus importantes que l'on observe en pathologie organique classique. La différence est uniquement quantitative mais le substratum lésionnel est tout autant organique, car les troubles du fonctionnement des organes sont liés à des microlésions que l'on connaît de mieux en mieux. Ce qui permet de dire que la pathologie fonctionnelle est organique.

L'excitabilité neuromusculaire

Pour comprendre ce qu'est la dépression masquée, puis démasquée, il faut, de façon schématique, commencer par décrire l'expression périphérique des symptômes, qui se manifeste par le biais de l'excitabilité neuromusculaire. Le trouble déterminant est une augmentation de cette excitabilité neuromusculaire car toutes les cellules vivantes ont la possibilité de se contracter et particulièrement les cellules nerveuses et musculaires.

Le rôle des ions positifs

Les acteurs de cette contraction sont les ions positifs (corps chargés d'électricité positive présents dans les cellules et autour des cellules), sodium, potassium, calcium, magnésium, hydrogène. Le passage dans un sens ou dans l'autre de ces ions à travers la membrane cellulaire va déterminer l'excitabilité des cellules. Ce passage est à la fois autonome et contrôlé par diverses hormones.

L'excitabilité des cellules nerveuses et musculaires dépend donc de la perméabilité de la membrane cellulaire (membrane qui entoure toute cellule) et du passage des ions à travers cette membrane. L'excitabilité des cellules varie comme l'équation de Loeb[1], qui établit un rapport entre les taux circulants de divers sels minéraux.

---

1. (Na+ x K+) / (Ca+ x Mg+ x H+)

Chaque fois que ce rapport augmente, l'excitabilité neuromusculaire augmente. Il en découle que les signes somatiques (en rapport avec des spasmes de la musculature volontaire ou involontaire) de l'hyperexcitabilité peuvent être causés par la diminution de la quantité d'ions présents dans la partie inférieure de ce rapport (calcium ionisé, magnésium ionisé, ions hydrogénés), mettant ainsi en place un des éléments de la théorie ionique de la genèse des symptômes physiques des dépressions masquées.

La théorie ionique fait intervenir un trouble ionique primaire, soit par carence d'apport soit par dysrégulation.

Les déficits en magnésium

Les raisons d'un déficit en *magnésium* sont nombreuses et l'on a pu, par exemple, mettre en évidence une carence d'apport de magnésium alimentaire : le capital global de l'organisme en magnésium est de 22 à 28 grammes et les besoins quotidiens sont évalués de 7 à 10 milligrammes par kilo. Il est établi que la ration alimentaire quotidienne ne contient guère plus de 4 milligrammes par kilo de magnésium. L'existence d'un déficit chronique d'apport en magnésium est à la base de la théorie magnésienne de l'hyperexcitabilité.

Les troubles du calcium

Il existe également la possibilité d'un trouble du *calcium* : la quantité de calcium présente dans l'organisme est importante. Ce calcium est surtout fixé dans les os et, si la quantité de calcium dans le sang est souvent normale dans les dépressions masquées, on a pu mettre en évidence, par des mesures utilisant le calcium radioactif marqué, que le pool calcique est diminué chez ces malades et que, en particulier, le taux de calcium intracellulaire serait abaissé. Nous verrons que le maintien par l'organisme d'un taux de calcium sanguin normal se fait en déplaçant le calcium des os, ce qui les rend plus fragiles (ostéoporose).

La baisse des ions d'hydrogène

La baisse des *ions d'hydrogène* est le mécanisme qui sous-tend les conceptions anglo-saxonnes de l'anxiété, lorsqu'elle est nommée, aux États-Unis, « syndrome d'hyperventilation chronique ». En effet l'hyperpnée chronique entraînerait une alcalose respiratoire, donc une baisse des ions H dans le rapport de Loeb, créant ainsi une hyperexcitabilité.

La baisse du phosphore

On peut ajouter, pour les théories ioniques, l'hypothèse de l'existence d'une baisse du *phosphore*, le rôle du phosphore étant de maintenir dans les cellules le calcium et le magnésium ; un manque de phosphore entraînerait donc une fuite du calcium et du magnésium intracellulaires.

Le rôle de la vitamine D

Enfin, la perméabilité de la membrane cellulaire peut être modifiée chez ces patients. Sans doute est-ce l'un des facteurs génétiques constitutionnels du terrain de ce type d'affection. La vitamine D, qui intervient pour favoriser le passage intracellulaire du calcium et du magnésium, aurait pour rôle, entre autres, de diminuer les pertes ioniques au niveau cellulaire.

Le rôle des neurotransmetteurs

Mais les troubles ioniques, pour importants qu'ils soient, ne suffisent pas, loin de là, à expliquer les mécanismes des dépressions. Les symptômes physiques, l'excitabilité neuromusculaire et les modifications de l'humeur impliquent largement, mais non exclusivement, l'axe hypothalamo-hypophyso-surrénalien et le système nerveux central, ainsi que leurs neuromédiateurs et leurs neuromodulateurs. Au premier rang desquels on trouve la *noradrénaline* et la *sérotonine*, plus accessoirement la *dopamine*, trois médiateurs chimiques qui sont des amines dérivant d'acides aminés naturels.

Il est maintenant nécessaire d'être un peu technique pour suivre, pas à pas, ce qui se passe dans notre tête!

• La noradrénaline est sécrétée au niveau de la glande médullosurrénale et au niveau des terminaisons des fibres du système nerveux sympathique (système nerveux autonome) où elle est l'agent naturel de transmission des influx nerveux.

• La sérotonine est présente dans la plupart des tissus de l'organisme; quant à la dopamine, elle précède la formation de la sérotonine.

• Les neurotransmetteurs (principalement noradrénaline et sérotonine) sont *utilisés* en excès chez les dépressifs, ce qui a été prouvé par de nombreuses mesures biologiques; mais bientôt, les possibilités de fabrication ne suivent plus.

• On sait également qu'à tout stress, c'est-à-dire à toute agression extérieure au sens large, l'organisme répond par une décharge de noradrénaline et de sérotonine puis par une augmentation permanente de leur sécrétion.

• Les facteurs psychologiques, en particulier les états anxieux, jouent un rôle dans la libération de noradrénaline à partir de la médullosurrénale par action sur les centres de l'émotion situés dans le cerveau limbique.

• De plus l'alcalose elle-même, c'est-à-dire la diminution des ions H+, perturbe la production de noradrénaline à cause de la modification de l'oxygénation des tissus nerveux.

• À plus ou moins long terme, cette libération excessive de noradrénaline et de sérotonine va donc entraîner *l'épuisement* des systèmes de production et, secondairement, une *diminution de la production cérébrale* de neurotransmetteurs.

• En témoignent le dosage du MHPG urinaire, principal produit de dégradation de la noradrénaline, dont la chute de concentration est constatée chez les dépressifs, et l'observation, chez 40 % des dépressifs, de la baisse de fonctionnement du système de la sérotonine et des produits de dégradation de la dopamine.

• Ces faits expliquent les modes d'action des antidépresseurs, qu'ils soient dits « adrénergiques » (qui augmentent la noradrénaline), « sérotoninergiques » (qui augmentent la sérotonine) ou encore qu'il s'agisse de toutes nouvelles molécules nommées « IRSNA » (inhibiteurs de la recapture de la sérotonine et de la noradrénaline).

• Nous avons vu le rôle décompensant déterminant de toute agression et de tout stress chez les dépressifs. Les neurotransmetteurs accroissent l'excitabilité, par conséquent leur sécrétion désordonnée provoque une hyperexcitabilité et peut accentuer les symptômes périphériques.

• Mais quand l'hyperexcitabilité s'est installée, les neurotransmetteurs eux-mêmes majorent l'anxiété et créent des symptômes fatigants (insomnies, crampes) et des symptômes anxiogènes (palpitations, malaises) qui accroissent, eux aussi, la sécrétion de ces neurotransmetteurs. Il s'agit donc d'un exemple de cercle vicieux où les symptômes rejoignent les causes et où les causes rejoignent les symptômes.

Ce premier cercle vicieux (l'hyperexcitabilité augmente la sécrétion de neurotransmetteurs, qui majorent l'hyperexcitabilité, qui épuise la production de neurotransmetteurs) n'est pas seul en cause car la sérotonine et la noradrénaline ont également pour effet physiologique de masquer la sensation de fatigue.

Masquer la sensation de fatigue se fait au prix d'une augmentation de la consommation d'énergie et de la tension musculaire ainsi que grâce à une excitation préjudiciable à l'endormissement. Ces trois facteurs sont les causes principales de la fatigue qui mine les patients souffrant de dépression masquée. Ils compensent momentanément la fatigue, mais ne sont qu'un camouflage constituant une véritable fuite en avant. Ce deuxième cercle vicieux (les neurotransmetteurs combattent la fatigue par des moyens qui fatiguent l'organisme et augmentent la production de neurotransmetteurs jusqu'à l'épuiser) n'est cependant pas le dernier.

Les dysrégulations endocriniennes

Il en existe un troisième : les troubles ioniques eux-mêmes agissent au niveau cérébral sur la régulation des mécanismes endocriniens qui se trouvent abusivement sollicités et déréglés. L'hyperexcitabilité provoque des *dysrégulations endocriniennes* qui entretiennent cette hyperexcitabilité jusqu'à épuisement des réserves.

En particulier, il est démontré, sur le plan hormonal, qu'il existe chez les dépressifs des perturbations endocriniennes intéressant principalement la fonction surrénale et la fonction thyroïdienne, ainsi que des modifications de la sécrétion de l'hormone de croissance et de la mélatonine (hormone aminée impliquée dans les mécanismes du sommeil).

La dépression masquée est donc un état d'hyperexcitabilité neuromusculaire d'abord latent, lié à des troubles ioniques primitifs et décompensé par des stress de nature variée. Mais nous venons de voir qu'il existe des cercles vicieux qui auto-entretiennent l'état de dépression masquée. Cet auto-entretien se réalise même si le ou les facteurs déclenchants ont disparu, à partir du moment où les cercles vicieux producteurs des symptômes, ainsi que les perturbations métaboliques et neuroendocriniennes, se sont mis en place. La dépression masquée est une maladie où toutes les perturbations se nourrissent d'elles-mêmes.

Les principaux mécanismes de convergence des facteurs identifiés et d'autonomisation des symptômes sont regroupés ci-dessous.

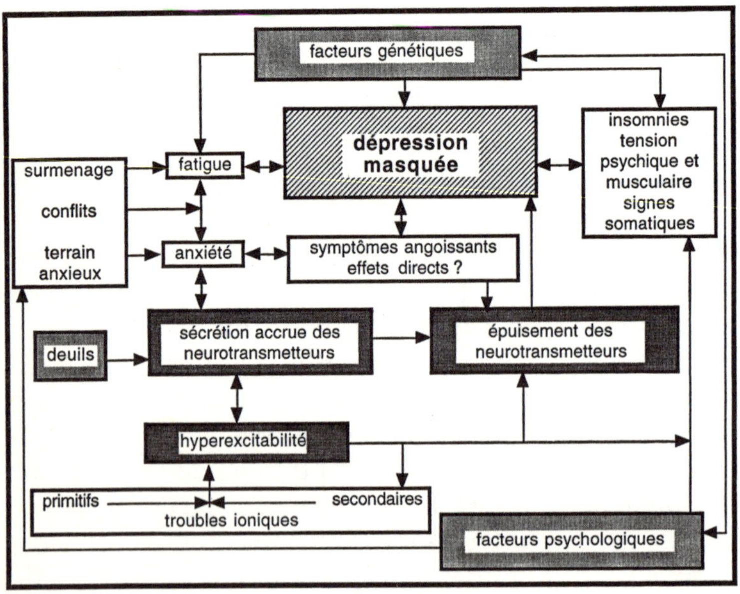

On constatera que les composantes spécifiquement psychiques des facteurs de risques des états dépressifs : le *facteur génétique* (dépressions ou équivalents dépressifs chez d'autres membres de la famille), le *facteur psychologique* (personnalité fragile, manque de confiance en soi, sentiment de ne pas être aimé, crainte du jugement d'autrui) et la *rupture dépressive* (liée aux situations de deuil) s'intègrent parfaitement dans ce schéma unifié, dans la mesure où l'expression des symptômes obéit toujours aux mêmes mécanismes physiopathologiques.

C'est pourquoi, avant de clore ce chapitre, j'insiste à nouveau sur le fait que le mode de production des symptômes de la dépression masquée est véritablement de nature organique. Il s'agit bien de la transmission d'une information, au sens large, par un neurone. Ce neurone a été excité par un stimulus pathologique, ou par une répétition de stimuli pathologiques, ou encore par une avalanche de stimuli, normaux au départ, dont l'accumulation devient pathogène. Les symptômes ne sont pas des créations cérébrales plus ou moins inconscientes : quand un de ces patients a mal, il a effectivement mal, et il en souffre, ainsi que je l'ai déjà souligné précédemment.

Néglige-t-on l'importance réelle des dépressions masquées ?

L'attitude du corps médical vis-à-vis des dépressions masquées est extrêmement variable et il est intéressant de considérer les multiples raisons de ces divergences. Certaines de ces raisons sont communes à l'ensemble des médecins, d'autres sont propres aux divers spécialistes.

La première raison de ces divergences, nous l'avons vu, tient aux habitudes de la pédagogie médicale. Depuis le début du siècle, on a coutume de diviser les troubles observés en pathologie en symptômes fonctionnels et symptômes organiques. Cette tradition, observée dès le début des études médicales et ensuite favorisée par la structure même de l'enseignement, privilégie les symptômes organiques, c'est-à-dire ceux auxquels correspond une lésion anatomiquement décelable. Elle jette ainsi une sorte de discrédit sur les symptômes fonctionnels, ceux auxquels ne correspondent pas de lésions anatomiques suffisamment évidentes et visibles.

Cette conception est très largement majoritaire dans la médecine française, ainsi sans doute que dans la médecine technologique de l'ensemble des pays développés ; elle imprègne tout l'enseignement médical. À l'hôpital, il est habituel, si l'on présente un malade comme « fonctionnel », que l'on veuille indiquer de façon polie que ce malade n'a rien, qu'il est un « psychique », voire un simulateur. Cette habitude de pensée façonne la sémiologie clinique (étude et description des signes des maladies) que l'étudiant apprend à connaître lors de l'examen des malades. À chacun des signes cliniques décrits correspond une lésion organique précise. La lésion se matérialise sur les radiographies, le chirurgien pourra la voir et la palper ou, si le malade est moins chanceux, elle sera retrouvée sur la table d'autopsie. La quête du symptôme lésionnel est la préoccupation majeure des médecins et commande consciemment, ou inconsciemment, leur action. Mais il est clair que la lésion pour être découverte doit être suffisamment importante. La pathologie organique est macrolésionnelle. Il faut qu'un organe soit déjà profondément lésé pour qu'elle s'exprime. Les chercheurs en sciences fondamentales (biochimistes, physiologistes, biophysiciens) connaissent les modifications neurosécrétoires ou moléculaires des organes avant que ceux-ci soient profondément lésés mais ces hommes de laboratoire sont encore les parents pauvres de la médecine ; si les sciences fondamentales font bien partie de l'enseignement médical, elles sont vécues comme les premiers obstacles dans la course vers le diplôme plutôt que comme des disciplines véritablement formatrices. Disciplines coupées de la réalité médicale pratique et que l'on se dépêche d'oublier quand commencent les « choses sérieuses ».

Certes, l'évolution médicale actuelle tend à privilégier la recherche des causes fondamentales des maladies au niveau immunologique ou cellulaire, mais ces voies de recherche n'ont encore que très peu ébranlé l'attitude pratique et quotidienne d'un corps médical qui s'oriente vers la recherche et le traitement de la « macrolésion ». Il faut noter aussi que l'inflation technologique dont s'arme la médecine contemporaine est presque tout entière, elle aussi, orientée dans ce sens. Les techniques les plus modernes et leurs utilisateurs, qu'il s'agisse des ultrasons, des scanners ou des IRM, sans oublier les multiples utilisations des produits de contraste en radiologie, servent avant tout à découvrir ou à éliminer une lésion. Découvrir une lésion constitue la satisfaction du médecin. Proposer une nouvelle technique qui mettra en évidence davantage de lésions ou les mettra mieux en évidence, là est clairement le but vers lequel tendent les spécialistes des investigations complémentaires. La lésion organique est pour le médecin un terrain solide sur lequel il pourra travailler. Elle se montre, se soigne, s'opère. Pour ces raisons, les techniques modernes d'investigations complémentaires, de plus en plus nombreuses, sont des techniques de visualisation. La découverte de l'image de la lésion est la forme d'évolution que le progrès du diagnostic médical a donnée au symptôme de la lésion, qui était auparavant seul recherché.

L'obsession de l'organique, dont la recherche de l'image de la lésion est la forme moderne, tend à faire perdre de vue qu'une pathologie sans lésion organique macroscopique visible est tout autant organique. Mais il s'agit là de lésions minimes au niveau cellulaire ou métabolique, dont la visualisation est malaisée ou impossible. L'organicité de cette pathologie microlésionnelle, qui se traduit par une pathologie du fonctionnement des organes (pathologie fonctionnelle), n'est pas entrée dans les mœurs. Le culte moderne de l'image n'est sans doute pas étranger à cette non-reconnaissance du microlésionnel.

La priorité donnée à l'« organique », c'est-à-dire au lésionnel visible, par l'enseignement médical puis par la pratique habituelle de la médecine est la principale raison de la méconnaissance de la dépression masquée comme entité pathologique par beaucoup de médecins. Le discrédit jeté sur les manifestations psychiques laisse entendre qu'un trouble fonctionnel n'est rien, qu'un malade prédisposé aux troubles fonctionnels n'est pas à prendre véritablement au sérieux.

D'autres raisons interviennent dans le rejet du concept de dépression masquée par une partie du corps médical; en particulier, les doutes persistant quant à ses mécanismes. Si, ainsi que nous l'avons vu, certains éléments neurobiologiques sont connus, d'autres restent obscurs ou à l'état d'hypothèse. De même, les modalités du déterminisme psychologique des syndromes dépressifs sont loin de faire l'unanimité. Là encore, le besoin d'explications simples et carrées se fait sentir. Les incertitudes thérapeutiques, l'incrédulité souvent affichée par les patients, leur faible compliance[1] aux différents traitements proposés et même les modes[2] médicales ont joué contre le concept de dépression masquée.

L'incertitude des traitements va de pair avec des résultats thérapeutiques parfois aléatoires. Des traitements mal conduits ou insuffisants sont bien sûr sans effet. On a donc tendance à ne pas traiter les dépressions masquées, et une maladie qu'on ne soigne pas n'est pas une véritable maladie... De plus, on néglige trop souvent le risque suicidaire couru par les patients qui souffrent de dépression masquée quand leur affection vient à se décompenser et devient manifeste. À considérer, à tort, que l'on ne meurt pas de dépression masquée, on en vient à estimer qu'il s'agit d'une maladie trop bénigne pour être dangereuse, donc pour être prise au sérieux. Tous ces praticiens semblent ignorer l'enfer dans lequel se débattent beaucoup de patients qui en souffrent.

L'attitude des spécialistes médicaux procède pour beaucoup des mêmes raisons, sans compter que les spécialistes sont avant tout des techniciens qui considèrent

1. Suivi scrupuleux de la totalité d'un traitement prescrit par le médecin.
2. Il existe des modes en médecine, comme dans bien d'autres domaines. Nous verrons dans un prochain chapitre les différentes appellations employées pour décrire ce que nous nommons aujourd'hui dépression masquée.

le malade encore moins dans sa totalité que les généralistes. La recherche de la lésion précise est la raison d'être du spécialiste qui est censé mieux connaître les détails propres à telle ou telle pathologie. C'est pour cela que le généraliste fait appel à lui ou que les malades le consultent directement. Puisqu'il est spécialisé dans un secteur de la pathologie, les traitements qu'il prescrit seront supposés plus efficaces.

Le spécialiste aura tendance à multiplier les explorations complémentaires car on s'attend à ce qu'il sache tout dans son domaine ; la recherche de la lésion ou du diagnostic sera d'autant plus poussée et sophistiquée que sa crédibilité en dépend.

Le secteur du corps humain qui est de son ressort sera examiné sous toutes les coutures avant que ne tombe le verdict du diagnostic lésionnel ou, au contraire, que ce spécialiste estime qu'à ses yeux le supposé malade n'a rien.

Habituellement, les neurologues n'ont pas une attitude différente car eux aussi privilégient l'organique et le lésionnel. Cela d'autant plus que l'école neurologique est fortement imprégnée des travaux de Babinski qui a pu décrire avec précision toute une symptomatologie clinique correspondant à des lésions anatomiques extrêmement précises des structures du système nerveux. La pathologie neurologique correspond à des atteintes spécifiques, vérifiées anatomiquement, de telle ou telle partie du système nerveux central ou périphérique et en dehors de ces atteintes, il n'y a là encore que du « fonctionnel ».

Les patients souffrant de dépressions masquées sont examinés et soignés par des médecins généralistes ou spécialistes qui privilégient l'organique (qui n'est que le macrolésionnel) et oublient, ne savent pas, ou ne veulent pas savoir, que le fonctionnel est d'abord microlésionnel avant d'être psychogène.

Pour ces médecins la pathologie fonctionnelle est

« psychique », et tout naturellement, notre patient se retrouvera chez un psychiatre. On retrouve souvent chez ces derniers les mêmes attitudes vis-à-vis des dépressions masquées que chez les autres catégories de médecins mais elles sont volontiers inversées.

Par un brusque revirement, les psychiatres s'intéressent au psychique, faisant l'impasse sur le physiologique, c'est-à-dire sur le déterminisme neurohormonal, les bases organiques et microlésionnelles des symptômes somatiques présents en cas de dépression masquée. Pour bon nombre d'entre eux, seuls les mécanismes psychologiques seront pris en compte; *exit* les perturbations métaboliques entraînant des troubles fonctionnels ou des symptômes à expression psychique. Leurs patients, au contraire, sont des malades atteints de névroses ou d'états dépressifs.

C'est là encore le résultat d'une attitude médicale qui refuse de considérer l'être humain comme un tout. Ce qui est l'expression somatique d'un malaise existentiel, manifestations de détresse d'un corps qui souffre, pathologie fonctionnelle, pathologie microlésionnelle, sera volontiers catalogué névrose hystérique, névrose d'angoisse ou dépression névrotique. Les manifestations fonctionnelles sont souvent rangées sous le terme de « conversion » car il est présupposé qu'il s'agit de symptômes créés de toutes pièces par le psychisme. À la grande époque de la psychiatrie classique, Charcot avait démontré que certaines paralysies chez des malades hystériques étaient entièrement psychiques. Ces paralysies hystériques sont passées de mode et, aujourd'hui, les psychiatres tendent à estimer que les manifestations fonctionnelles diverses de bon nombre de patients représentent les formes contemporaines de la bonne vieille hystérie décrite par Charcot. Je ne partage pas cette opinion. À mon sens, la grande majorité de ces symptômes somatiques est en rapport avec une dépression masquée, ils sont réellement l'expression d'une souffrance de type dépressif. Cette différence est de taille car, si on peut difficilement calmer les troubles d'une névrose hystérique, il est en revanche tout à fait possible de guérir une dépression masquée.

L'attitude des psychiatres devant la pathologie fonctionnelle en général, et devant la dépression masquée en particulier, jointe à l'énorme arsenal médicamenteux dont dispose la psychiatrie moderne, explique pourquoi autant de patients se voient prescrire, d'entrée de jeu, un ou plusieurs psychotropes. La recherche et le traitement d'une éventuelle participation microlésionnelle et/ou métabolique sont négligés au profit du traitement des troubles de l'humeur par des drogues agissant sur l'humeur. Pour user d'une explication abrupte : sera catalogué dépression nerveuse tout ce qui se soigne par les antidépresseurs. Au-delà d'une apparente provocation, cette attitude, qui n'est pas totalement inexacte, rend compte, avant tout, de l'ahurissante inflation des prescriptions d'antidépresseurs et de tranquillisants. On néglige la recherche de la cause au profit de l'action symptomatique la plus immédiate possible, celle qui est réclamée par le patient. Mais, de même qu'il faut soigner une carie dentaire sans se contenter d'en calmer la douleur par de l'aspirine, il faut rechercher les origines d'un syndrome dépressif, dont je rappelle qu'elles ne sont pas toutes psychologiques, sans se borner à attendre des miracles d'une molécule chimique, si efficace soit-elle.

L'attitude médicale classique établit une distinction entre la pathologie organique accessible au diagnostic lésionnel et à des thérapeutiques spécifiques et la pathologie fonctionnelle que l'on néglige ou que l'on psychiatrise. Bien entendu, cette distinction n'est pas sans avoir été reconnue inadaptée dans bon nombre de cas. Le corps médical s'est ouvert avec prudence et réticence à la psychologie, à la psychosomatique, voire à la psychanalyse.

Mais les praticiens de ces techniques, eux aussi, oublient le physiologique ou l'ignorent. La pathologie organique microlésionnelle leur échappe, leur approche de l'homme total reste timide. Elle s'exerce dans une abstraction qui est teintée soit d'un pathologisme inavoué et méconnu, soit, pire encore, d'un psychanalysme mal compris. Les symptômes, dans le cas de la dépression, manifeste ou masquée, ne sont pas des « idées » qu'une verbalisation plus ou moins adroite ferait disparaître mais bien des faits démontrables et curables.

Plusieurs noms pour une même maladie ?

La pratique médicale évolue vite mais l'équivoque reste grande entre une médecine et une chirurgie de pointe qui font la une des médias et le quotidien de praticiens qui doivent aussi répondre aux besoins de patients plus ou moins « fonctionnels ». Plusieurs ensembles physiopathologiques ont été proposés pour rendre compte des symptômes de ces sujets. Ces manifestations fonctionnelles, assez stéréotypées, associent toujours, à des degrés divers, anxiété, malaises, fatigue physique et intellectuelle, troubles du sommeil, douleurs musculaires et viscérales. Confrontés à la nécessité de fournir un diagnostic, les médecins proposèrent plusieurs appellations différentes pour nommer ces syndromes. En fonction de l'époque, des hypothèses physiopathologiques, des façons de soigner, des pays, voire des modes médicales, on parlera de :

— névrose hystérique;
— névrose d'angoisse;
— dystonie neurovégétative;
— stress;
— spasmophilie;
— fibromyalgie;
— attaques de panique;

— syndrome de fatigue chronique ;
— et enfin, de dépression masquée.

Mais, en utilisant ces concepts disparates, parle-t-on de la même chose ? Existe-t-il des ressemblances fortuites, une parenté véritable ou bien s'agit-il d'une même maladie ? Ces questions importantes méritent d'être posées.

Les névroses en général — le terme a été introduit par Sigmund Freud — désignent des groupes de symptômes gênants pour le sujet mais qui ne perturbent pas gravement son adaptation à la réalité et aux normes sociales. Nées de conflits psychiques remontant à la petite enfance, elles exprimeraient l'angoisse du patient au moyen de conversions somatiques, de phobies ou d'obsessions (névroses d'angoisse, névroses hystériques, phobiques et obsessionnelles).

La névrose hystérique

Ainsi, dans la névrose hystérique, on postule un mécanisme purement psychologique ; l'angoisse est « convertie » en manifestations physiques, sans support organique, touchant la motricité, la sensibilité et les fonctions sensorielles. On peut assister ainsi à la réduction plus ou moins complète de l'angoisse psychique diffuse allant jusqu'à la disparition du sentiment d'anxiété lui-même, qui est remplacé par les symptômes somatiques de conversion. Ces symptômes, paroxystiques (survenant par crises) ou durables, surviendraient dans un contexte psychologique particulier, fait de troubles de la personnalité[1], et « simuleraient » l'ensemble des signes cliniques.

1. Classiquement, la personnalité hystérique se caractérise par le théâtralisme, la mythomanie, la dépendance affective avec suggestibilité et inconsistance du moi.

Les névroses d'angoisse

Dans les névroses d'angoisse, les symptômes physiques sont présents mais ils sont moins précis et moins systématisés. L'anxiété chronique constitue alors une tonalité de fond sur laquelle surviennent de grandes crises aiguës, de durée variable, accompagnées ou non de manifestations somatiques. On distingue les névroses d'angoisse *non structurées*, où l'angoisse flottante isolée représente le signe dominant, des névroses d'angoisse *structurées*, marquées par la présence de symptômes hystériques (voir ci-dessus), phobiques (agoraphobie, claustrophobie, etc.) et obsessionnels (activités compulsives répétitives) où la charge anxieuse est « remplacée » par les symptômes pathologiques. Là encore, l'origine des troubles serait purement psychogène, en rapport avec une personnalité névrotique.

La dystonie neurovégétative

La dystonie neurovégétative, ou vagosympathique, représente une tentative d'explication biologique de la genèse des symptômes. Elle fait intervenir l'équilibre plus ou moins précaire du système nerveux autonome. Ce système automatique, hors du contrôle de la volonté, mais influencé par les émotions, est lui-même constitué de deux systèmes imbriqués, le système sympathique (accélérateur) et le système parasympathique (freinateur). On distingue l'amphotonie (hypertonie portant à la fois sur les deux systèmes) et la vagotonie (parasympathicotonie). Celle-ci se caractérise par une tendance au ralentissement du cœur, aux syncopes, à l'anxiété, à l'hypersalivation, à la transpiration des extrémités, aux troubles respiratoires et aux constipations spasmodiques avec épisodes de diarrhée. La sympathicotonie, elle, se manifeste plutôt par de la tachycardie et des palpitations, un amaigrissement, une irritabilité du caractère, une sécheresse de la peau, etc. La majorité des symptômes pathologiques seraient en rapport avec un déséquilibre causé par une trop grande prépondérance de l'un ou de l'autre système avec cependant une prédilection pour les altérations du système accélérateur.

Le stress

Le concept de stress (développé par Hans Selye) constitue un modèle biologique plus élaboré d'explication des symptômes pathologiques. On estime qu'il s'agit de la maladie des civilisations modernes et qu'il est dû à une mauvaise adaptation aux changements et aux agressions psycho-émotionnelles, à une demande excessive d'adaptation. Schématiquement, la biologie du stress[1] fait intervenir le système nerveux autonome (système sympathique et parasympathique), le système endocrinien (glandes surrénales) et les hormones du stress (adrénaline et cortisone), qui alertent le cerveau quand un agent quelconque agit sur l'organisme. Par la voie hypothalamo-hypophysaire (une voie neurohormonale), l'organisme répond immédiatement au message du stress en sécrétant de l'adrénaline, puis, secondairement, en fabriquant davantage de cortisone. La répétition exagérée de ces mécanismes serait responsable de l'épuisement et des différents symptômes somatiques et psychiques[2].

1. Je rappelle que l'adaptation de l'organisme constitue un phénomène normal et que la biologie du stress est une biologie normale. En revanche, la répétition exagérée des mécanismes de défense et d'adaptation est bien le facteur pathogène.

2. Telle une litanie reviennent fatigue du matin, épuisement, lassitude, tension nerveuse, fatigue intellectuelle, trous de mémoire, baisse du rendement intellectuel, courbatures, irritabilité, anxiété, troubles du sommeil, maux de tête et migraines, fatigue sexuelle, pertes de l'appétit, boulimie, etc.

La spasmophilie

La spasmophilie représente, dans notre pays[1], un modèle de référence bien connu pour tenter de rendre compte, hors du champ de la psychogenèse, des symptômes et des problèmes de bon nombre de patients « fonctionnels ». Elle est décrite comme une maladie métabolique responsable d'une hyperexcitabilité neuromusculaire; cette dernière étant sous la dépendance, premièrement, d'un trouble constitutionnel de la perméabilité des membranes cellulaires et, deuxièmement, d'une carence d'apport et/ou d'une dysrégulation de certains sels minéraux. Les troubles ioniques sont eux-mêmes modulés par l'intervention de neuromédiateurs, en particulier l'adrénaline.

Il me semble impossible de faire l'impasse sur les ressemblances troublantes qui existent entre la dépression masquée et la spasmophilie.

La spasmophilie se caractérise par une hyperexcitabilité neuromusculaire périphérique (au niveau des muscles et des organes) et centrale (au niveau psychique). Elle est responsable de la même liste de symptômes physiques fonctionnels intéressant l'ensemble de l'organisme que ceux abondamment décrit à propos des dépressions masquées. Comme dans ces dernières, les troubles apparaissent chez des sujets qui ne présentent pas d'humeur dépressive et qui, bien souvent, refusent l'idée même de dépression. J'estime qu'il existe une véritable filiation entre ces deux affections et qu'un syndrome spasmophile constitue souvent une forme d'entrée dans une dépression masquée.

Ces faits sont importants au niveau du diagnostic car nommer une maladie n'est jamais neutre sur le plan symbolique et affectif. La spasmophilie fut longtemps

1. La spasmophilie reste une exception médico-culturelle française.

considérée comme le parent pauvre de la pathologie médicale, une sorte de Cendrillon un peu méprisée que l'on ne prenait guère au sérieux. Spasmophilie est un terme de médecine « douce » qui fait penser à une affection banale, qui n'est jamais grave, même si elle évoque parfois la tonalité névrotique d'une maladie imaginaire. Dépression, en revanche, est beaucoup plus institutionnel, beaucoup plus « dur »; le mot conserve une connotation psychiatrique parfois traumatisante et culpabilise inutilement les malades en faisant souvent appel à une prétendue « faiblesse de caractère ». Mais, en l'occurrence, il ne s'agit pas d'une cousine éloignée qui aurait fait un héritage inespéré ! Quand on veut la guérison des patients, il n'existe qu'une seule médecine, à la fois « dure » et « douce »; les malades ne doivent pas se laisser abuser, intoxiquer, ou rebuter par les termes du diagnostic. L'extension du concept de spasmophilie à celui de dépression masquée est né des progrès considérables des neurosciences. Il représente un pas essentiel dans la compréhension de ces malades et dans la reconnaissance « officielle » de la réalité de leur souffrance. Il rend mieux compte des spécificités sémiologiques et permet d'être plus efficace sur le plan thérapeutique.

C'est précisément au moment des conduites thérapeutiques qu'il faudra tenir compte de cette filiation. J'y reviendrai, mais, d'ores et déjà, je tiens à affirmer que ce sont principalement des désordres biologiques qui sont en cause dans les deux cas et que, bien souvent, les traitements naturels de la spasmophilie suffisent pour venir à bout des symptômes de dépression masquée, préviennent l'évolution vers une dépression manifeste et évitent d'avoir systématiquement recours aux antidépresseurs chimiques.

La fibromyalgie

La fibromyalgie, dite aussi fibromyalgie primitive[1], rhumatisme abarticulaire chronique[2], polyenthésopathie[3] ou syndrome polyalgique idiopathique (SPID)[4], est un état douloureux chronique identifié et nommé depuis une dizaine d'années par des rhumatologues français et anglo-saxons. La multiplicité de dénominations proposées pour cette maladie indique bien qu'il s'agit de douleurs chroniques dont l'on ne connaît pas les causes.

Cependant, la présentation des patients qui en souffrent (le plus souvent des femmes jeunes ou d'âge moyen) est assez stéréotypée, sous forme de douleurs plutôt diffuses, mal localisées mais symétriques, se situant dans six à neuf zones du corps, sans horaires précis, majorées par les stress, les changements de temps, les efforts physiques et soulagées par le repos. Ce tableau est complété par une fatigue musculaire, des migraines, des insomnies, des colites spasmodiques, des sensations d'engourdissement, des impressions de froid et des fourmillements des extrémités.

Nous reconnaissons des symptômes familiers; là encore, les examens complémentaires sont normaux et la recherche d'une autre cause négative. À l'instar de certains spécialistes, il est tentant de faire de la fibromyalgie une variété originale de « psychalgie[5] » mais, habituellement, ces patientes n'ont aucun signe manifeste de névrose d'angoisse ni de dépression nerveuse[6]. Tout au plus relève-t-on parfois des « tendances » hypocondriaques ou hystéroïdes.

---

1. Douleurs des fibres musculaires, sans cause précise.
2. Douleurs chroniques non articulaires.
3. Atteinte interstitielle diffuse.
4. Douleurs diffuses sans cause.
5. Névralgies dans lesquelles prédomine l'élément psychopathique (ici, la conversion).
6. Le problème de l'existence, ou non, d'une dépression masquée, reste entier.

La question de l'organicité des douleurs de la fibromyalgie reste posée. Pour ma part, je retiens comme vraisemblable l'hypothèse d'un dysfonctionnement du système des endorphines[1] qui ferait ressentir comme algique ou hyperalgique[2] une zone qui, communément, n'est que sensible. En effet, ces douleurs ressemblent à celles que l'on observe au cours de la désintoxication des morphinomanes. Les signes de la série psychique seraient alors secondaires, ou réactionnels, au caractère tenace et chronique des symptômes douloureux. D'un autre côté, certains antidépresseurs, prescrits à petites doses, sont remarquablement efficaces pour traiter la fibromyalgie, ce qui serait plutôt un argument en faveur d'une dépression masquée.

L'attaque de panique

La notion d'attaque de panique, déjà évoquée, représente un effort original pour aborder les problèmes de l'anxiété sous un angle biologique et non plus exclusivement psychologique. Il s'agit là essentiellement d'un symptôme et non d'une maladie autonome. L'attaque de panique, qui a une grande valeur sémiologique, n'est pas en elle-même une cause univoque de troubles de l'humeur. Ce symptôme[3], bien réel, s'observe dans de nombreuses affections « nerveuses », qu'il s'agisse de la névrose d'angoisse, de la spasmophilie, de la dépression (masquée ou manifeste), mais bon nombre de circonstances pathologiques somatiques peuvent les provoquer, telles que la pathologie des coronaires, les troubles du rythme cardiaque, l'épilepsie, les vrais vertiges, la

1. Morphines naturelles fabriquées par l'organisme pour combattre la douleur.
2. Douleurs excessives par rapport aux perceptions habituelles.
3. Voir la description clinique des attaques de panique p. 76.

pathologie endocrinienne et métabolique[1], certains produits toxiques[2], l'hyperventilation chronique[3].

Au départ simple symptôme incontrôlable, d'origine métabolique, ventilatoire, neurohormonale, toxique, etc., les attaques de panique, si elles se répètent et se chronicisent, conduisent au syndrome de panique (ou trouble panique), ubiquitaire, invalidant et porteur de complications psychiques sévères comme l'agoraphobie[4].

Le syndrome de fatigue chronique

Le syndrome de fatigue chronique (SFC) est un état pathologique de longue durée, évoluant au moins sur six mois, qui se développe après un épisode infectieux apparent, peu apparent, ou même inapparent, chez un sujet auparavant en bonne forme physique et mentale. Le malade souffre d'épuisement et de fatigabilté musculaire, de fatigue intense et prolongée, d'insomnies, de douleurs rebelles et d'une sérieuse réduction de ses possibilités intellectuelles avec des pertes de mémoire et des difficultés de concentration.

Cette affection, nommée *Myalgic Encephalomyelitis* (*ME*) en Grande-Bretagne et *Chronic Fatigue Syndrome* (*CFS*) aux États-Unis, a surtout été étudiée dans les pays anglo-saxons, où elle semble très fréquente et toucherait deux à cinq millions d'Américains ainsi qu'un à deux millions d'Anglais. L'immense majorité de ces patients

1. Thyroïde, surrénales, anomalies du glucose et du calcium.
2. Médicaments, drogues, alcool, café.
3. Perturbation de l'équilibre acido-basique de l'organisme, liée à de mauvaises habitudes respiratoires, responsables d'une alcalose gazeuse qui augmentera l'excitabilité neuromusculaire et déclenchera la crise.
4. Dans une optique biologique et comportementale, l'agoraphobie n'est pas d'origine psychologique mais provient d'un conditionnement négatif, lié à la peur d'une nouvelle crise, conduisant les patients à éviter ou à fuir les endroits publics, les foules, les ascenseurs, etc.

ne présente aucune des caractéristiques psychologiques des véritables dépressions (humeur dépressive et perte d'élan vital) mais, sans revenir sur la description des symptômes, il s'agit là encore d'une symptomatologie fonctionnelle très riche que l'on pourrait, au choix, considérer comme étant de l'ordre de la dépression, de la pseudo-dépression ou de la dépression masquée[1].

L'originalité du syndrome de fatigue chronique réside dans l'importance des désordres immunitaires qui l'accompagnent. Ces patients conservent les signes d'un état infectieux ancien (début fébrile, ganglions lymphatiques perceptibles, tendance aux infections à répétition) dans l'hypothèse d'une origine virale parmi ses causes déclenchantes. Ce virus, peut-être un prion[2] ou un rétrovirus[3], que je préfère nommer l'agent X, pénétrerait dans le système immunitaire, ou bien serait activé par un toxique ou un stress (physique et/ou psychologique). L'agent X, mal contrôlé par l'organisme pour des raisons génétiques et/ou de terrain, entraînerait la production de lymphokines[4] anormales, déréglant le système immunitaire et perturbant les organes récepteurs (système nerveux, appareil digestif, appareil cardio-vasculaire). En retour, les organes cibles fabriquent eux-mêmes des neurotransmetteurs altérés qui perturberont encore davantage les défenses immunitaires du patient.

En somme, un grain de sable pénètre dans une

---

1. De nombreux médecins ne s'en privent pas et estiment que le syndrome de fatigue chronique n'existe pas en tant que tel. Pour eux, il s'agirait simplement d'une forme particulière de syndrome dépressif. Cependant, cette entité pathologique d'origine probablement infectieuse est authentifiée depuis 1988 aux États-Unis par le Centre de contrôle des maladies d'Atlanta.

2. Catégorie de virus, dits « non-conventionnels », qui ne contiennent pas d'acides nucléiques (ADN ou ARN). Le plus connu est l'agent responsable de la « maladie de la vache folle ».

3. Catégorie de virus dont l'acide nucléique est un ARN capable de « retourner » l'ARN viral en ADN. L'exemple type en est le virus HIV, responsable du sida.

4. Médiateurs qui transportent les informations nécessaires pour activer les cellules de l'immunité (les lymphocytes).

machine insuffisamment étanche et la détraque encore davantage. Ainsi, une affection induite par un virus[1] pourra engendrer des désordres immunitaires et des symptômes somatiques persistants, qui s'auto-entretiennent et se reproduisent, même quand l'agent causal a disparu, en raison de la mise en place de cercles vicieux où toutes les perturbations pathologiques se nourrissent d'elles-mêmes. Ce type de mécanismes auto-entretenus constitue une constante en médecine et je l'ai déjà décrit à propos de la biologie des dépressions et des dépressions masquées.

La dépression masquée

Et maintenant, pour clore cette énumération, la dépression masquée, qui constitue le sujet de cet ouvrage. Les ressemblances qu'elle présente avec les autres entités pathologiques décrites précédemment sont évidentes, même pour un non-spécialiste. Les symptômes, dont j'ai déjà dit qu'ils sont non spécifiques, sont proches, comparables ou identiques et il existe des parentés indéniables au niveau des types de personnalité et des notions de terrains.

Si les manifestations somatiques prêtent à confusion, c'est au niveau de l'analyse attentive de l'humeur, de ses troubles et de ses modifications, que l'on peut parfois mettre en évidence des arguments en faveur d'une dépression masquée, tels que le manque d'allant, la morosité, une tristesse plus que passagère, un sentiment de lassitude, une inquiétude vague, une anxiété existentielle. La présence de ces troubles mineurs[2], dans la

1. S'il s'agit bien d'un virus.

2. Une fois de plus, rien à voir avec la dépression nerveuse véritable où la perte de l'élan vital, la dévalorisation de soi, l'indifférence à l'entourage, le laisser-aller personnel, familial et professionnel ainsi que les idées suicidaires sont au premier plan.

mesure où ils ne seraient pas passagers, est sans doute significative, sans pour autant emporter la conviction dans la mesure où bien des individus en bonne santé ressentent la même chose.

En réalité, seuls diffèrent les médecins appelés à prendre en charge ce type de patients. L'un multipliera les examens complémentaires à la recherche d'une cause organique tandis que l'autre décrétera immédiatement que tout est « dans la tête ». Un médecin mondain parlera plus volontiers de stress, là où un généraliste de banlieue évoquera une spasmophilie ; un rhumatologue choisira la fibromyalgie alors que l'homéopathe aura une préférence pour la dystonie neurovégétative. Un spécialiste de médecine interne sera peut-être un tenant du syndrome de fatigue chronique mais son collègue penchera pour une dépression masquée. Quant au psychanalyste, il aura tendance à considérer symptômes somatiques et attaques de panique comme les manifestations d'une névrose d'angoisse imposant une psychothérapie alors qu'un psychiatre plus interventionniste n'hésitera pas à prescrire un traitement chimique énergique à base d'antidépresseurs.

Au total, j'estime qu'il faudrait appliquer à la pathologie fonctionnelle la théorie des ensembles chère aux mathématiques. Il existe des grands ensembles de symptômes — les syndromes — dont les origines, bien que diverses, se recouvrent largement, en fonction d'une distribution plus ou moins aléatoire où la personnalité du patient et celle du médecin interviennent au premier chef.

Un peu comme dans cette attraction foraine où le but du jeu consiste à recouvrir entièrement un grand cercle au moyen de six petits cercles, c'est au médecin de savoir adapter les ensembles significatifs dont il dispose pour réussir à appréhenter la totalité du problème de son patient et parvenir à le guérir. Il est difficile d'y arriver mais c'est possible.

L'illustration ci-dessous permet de visualiser mon propos en rappelant les principaux syndromes rencontrés en pathologie fonctionnelle.

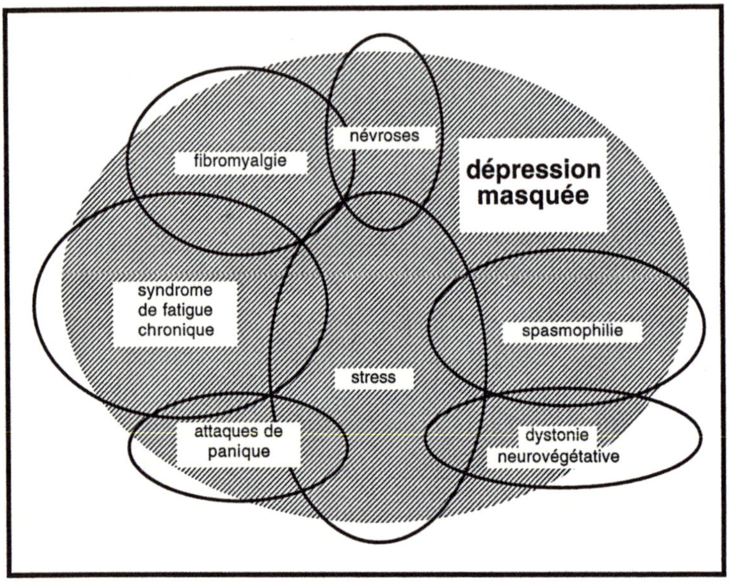

Les principaux syndromes rencontrés en pathologie fonctionnelle

IV

SE LIBÉRER DE LA DÉPRESSION MASQUÉE

Le rôle du médecin

Avant de reconnaître une dépression masquée, il faut la connaître. Or le corps médical dans son ensemble tend à méconnaître ce type d'affection. Cette méconnaissance peut être involontaire ou volontaire. Involontaire, elle l'est parfois, par défaut d'enseignement et d'information, ou à cause de l'intérêt insuffisant et partiel apporté à cette question. Parfois aussi, du fait qu'il s'agit d'une pathologie courante dite « de ville », elle est négligée par l'enseignement médical classique qui porte surtout sur la pathologie « lourde » rencontrée en milieu hospitalier. La méconnaissance volontaire est plus insidieuse car ces médecins ont entendu parler de cette affection, en connaissent certains symptômes mais n'y attachent pas d'importance, pensant qu'il s'agit d'une pathologie fonctionnelle non spécifique, vite baptisée « neurovégétative », pour laquelle il n'y a pas de traitement et qui de toute manière ne présente pas de gravité véritable.

En ignorant eux-mêmes la spécificité de la dépression masquée, ils en nient l'importance à leurs consultants qui sont ainsi à la fois privés d'une reconnaissance de la réalité de leur état et de thérapeutiques simples et efficaces.

Un autre grave écueil serait également de voir des dépressions masquées partout et de recourir à un tel diagnostic chaque fois qu'un symptôme un peu atypique ne trouve pas d'explication claire. Ce travers est vraisemblablement de plus en plus répandu dans notre pays, si l'on en croit l'augmentation exponentielle de la consommation de médicaments antidépresseurs. Les nouveaux antidépresseurs sont devenus de prescription courante, voire banale ; ils sont faciles à utiliser, provoquent peu d'effets secondaires indésirables et font l'objet d'un marketing promotionnel intense de la part des firmes qui les fabriquent. Il est sans doute plus simple, et plus rapide, de prescrire en première intention une de ces « pilules du bonheur » que de se livrer à des interrogations diagnostiques hasardeuses auxquelles il est souvent difficile de répondre.

Le premier rôle du médecin, dans ce cas comme dans tous, est de s'informer, de mettre à jour ses connaissances, de lutter contre les idées reçues et les habitudes de pensée. Il a aussi pour rôle d'informer et de fournir des explications à ses malades dans une consultation qui ne peut se réduire à des gestes techniques mais doit véritablement établir la relation thérapeutique médecin-malade.

Le médecin, attentif à l'existence des dépressions masquées, devra en reconnaître les symptômes chez son patient, conforter son impression par l'examen clinique et d'éventuelles investigations complémentaires, dépister de possibles états pathologiques associés, éliminer d'autres affections organiques, car, si penser à une dépression masquée est indispensable, ne penser qu'à elle serait inacceptable.

L'examen clinique comme toujours en médecine commence par un entretien, l'« interrogatoire » médical qui, au-delà des symptômes évoqués par les patients qui les conduiront à consulter, permettra de déceler d'autres signes dont l'association est caractéristique et que le patient avait soit oublié soit jugé inutile de mentionner.

Cet interrogatoire tente également d'établir la date d'apparition des troubles, l'existence ou non de plusieurs poussées évolutives, la notion d'antécédents familiaux, une éventuelle recrudescence saisonnière. Il s'attache surtout à rechercher les facteurs déclenchants qui, ainsi que nous l'avons vu, sont presque toujours décelables, les stress physiques ou psychiques particuliers qui ont déséquilibré un sujet donné, et provoqué l'aggravation de ses symptômes le conduisant à consulter.

Ces facteurs déclenchants peuvent être évidents mais demandent parfois un interrogatoire soigneux s'ils sont oubliés ou méconnus par le malade. Ainsi, la poursuite d'un régime amaigrissant, la prise de certains médicaments, la simple existence de changements banals dans les conditions de travail peuvent être difficiles à retrouver; détecter ces facteurs demandera un flair de détective, mais il est bien rare que l'on n'arrive pas à les mettre en évidence. J'insiste sur le grand soin qu'il faut apporter à cette enquête et à la date de commencement des troubles car, si les malades sont souvent conscients du changement insidieux ou brutal de leur comportement, les raisons déclenchantes de ce changement peuvent leur être obscures.

L'examen clinique lui-même est habituellement pauvre en signes positifs. On peut y détecter des signes objectifs d'hyperexcitabilité neuromusculaire, tels que le signe de Chvostek (contracture de la partie médiane de la lèvre supérieure, après percussion de la joue au moyen d'un marteau à réflexes), ou encore l'existence d'un éréthisme cardio-vasculaire (tachycardie, etc.), ainsi qu'une certaine vivacité des réflexes ostéo-tendineux et la présence, souvent retrouvée, de zones de tension musculaire au niveau du cou, des épaules et du dos.

Il est fréquent que l'examen clinique et l'examen neurologique soient normaux mais, bien entendu, des signes d'états pathologiques associés — qui ne sont pas ceux qui ont conduit le patient à consulter mais peuvent avoir une part de responsabilité dans ses symptômes — seront susceptibles d'être constatés dès le premier examen. Ainsi, la présence d'une hypertension artérielle ou d'une hypotension orthostatique[1], d'une obésité ou d'une maigreur anormale, des signes d'atteinte cardio-vasculaire et/ou respiratoire, des symptômes d'imprégnation éthylique ou de toxicomanie, des modifications des phanères (cheveux, ongles dents), des pathologies dermatologiques, des contractures musculaire, des limitations articulaires, des syndromes neurologiques, etc., peuvent être retrouvés facilement quand on examine les patients, ce qui impose de toujours le faire. De plus, le contact réellement physique entre le médecin et son patient représente une étape incontournable de leur relation et de la prise en charge thérapeutique elle-même.

Lors de sa consultation, le médecin doit, dans la mesure du possible, évaluer la personnalité, le profil psychologique, l'anxiété et la thymie[2] de son patient. Il s'agit, à l'évidence, d'une étape diagnostique cruciale en matière de dépression masquée.

Appréhender les composantes d'une personnalité ne signifie jamais porter un diagnostic de maladie psychiatrique. Les traits de personnalité ne sont pas pathologiques en soi ; ils constituent des modes d'être d'individus « normaux » dans leur relation avec le monde extérieur. Je n'en décris pas ici les différentes caractéristiques, mais, qu'il s'agisse de personnalités de type cyclique, obsessionnel, hystérique, psychasthénique, phobique, narcissique, masochiste, anal, oral, schizoïde, paranoïaque ou encore psychopathique, ces termes tech-

1. Tension artérielle anormalement basse, qui baisse encore lors des changements brusques de position.

2. Comportement extérieur de l'individu, envisagé plus spécialement par rapport à son activité ou à son humeur (égale, sereine, gaie, triste, etc.).

niques signifient simplement la présence de tendances vers telle ou telle variété de comportement; lesquelles tendances peuvent avoir des rôles spécifiques dans la nature des rapports qui s'établissent entre un individu, son corps et ses symptômes.

L'intensité de la composante anxieuse, que cette dernière se caractérise par des manifestations somatiques diverses ou bien par un sentiment pénible d'attente, doit être évaluée très soigneusement. En effet, dans la mesure où ces sujets ne sont pas inhibés du point de vue psychomoteur, ou le sont peu, le risque d'un passage à l'acte[1] au cours d'un paroxysme d'anxiété est tout à fait réel.

L'évaluation de l'humeur du sujet, c'est-à-dire son tonus affectif de base, a pour but de déterminer si elle est, ou non, adaptée à l'ambiance environnante[2]. J'ai déjà répété que, par définition, les sujets atteints de dépression masquée ne présentent ni « humeur dépressive », au sens clinique du terme, ni inhibition de l'élan vital. Dans les situations qui nous préoccupent ici, c'est bien entendu la recherche minutieuse d'éventuels troubles pychiques mineurs en faveur d'une dépression qui constitue la priorité. Ainsi, seront significatifs, dans un tel contexte, le pessimisme inhabituel, les sentiments anxieux d'indécision ou de doute et surtout les signes de perte d'initiative ou de désintérêt socioprofessionnel et affectif.

En règle générale, ainsi que je l'ai déjà indiqué, le diagnostic de dépression masquée est essentiellement clinique, c'est-à-dire qu'il n'existe pas d'examen complémentaire pouvant prouver la réalité de cette hypothèse. L'ensemble des bilans paracliniques (biologie, imagerie,

1. C'est-à-dire de suicide ou de tentative de suicide.

2. L'humeur est considérée comme pathologique quand le sujet est en nette discordance avec son environnement. On parle alors de « dysthymies » qui peuvent être soit en excès dans un sens ou un autre (humeur dépressive ou euphorie morbide), soit indifférentes au monde (hypothymie ou athymie).

etc.), que le médecin peut être amené à faire pratiquer, sert à éliminer toute possibilité d'une autre affection — et sans doute à rassurer les patients, ce qui est également très important du point de vue thérapeutique.

Cependant, ce que nous savons des mécanismes biologiques de production des symptômes, en particulier les problèmes des troubles ioniques participant à l'hyperexcitabilité neuromusculaire, rend parfois souhaitable d'explorer le métabolisme phospho-calcique, dans un but d'évaluation thérapeutique.

En pratique, le bilan phospho-calcique est destiné à rechercher une éventuelle hypocalcémie, voire un diabète calcique (élévation importante de l'excrétion urinaire de calcium, associée ou non à une modification du taux de calcium sanguin).

De même, certaines explorations électrophysiologiques conservent leur utilité. L'électromyogramme (étude de l'excitabilité neuromusculaire au moyen de certaines manœuvres de facilitation) permet d'objectiver l'intensité de la fatigue physique et de mieux évaluer les risques de passage d'un état de dépression masquée (où le sujet conserve souvent une bonne réactivité neuromusculaire) à la dépression avérée, qui se traduit volontiers par une disparition de cette réactivité. Au cours de l'évolution, on peut observer une réapparition de la réactivité électromyographique, qui constitue habituellement un élément positif, parallèle à l'amélioration thymique.

L'électroencéphalogramme (EEG) et l'EEG des 24 heures permettent de préciser la nature de certains malaises et des pertes de connaissance de ces sujets. En particulier, lors de l'enregistrement d'attaques de panique, il a été mis en évidence des zones d'irritation cérébrale, rappelant certaines pointes-ondes décelées chez les épileptiques[1], qui permettent d'authentifier l'attaque de panique comme un processus biologique et non exclusivement psychologique.

1. Dans les cas cités, les sujets en question *ne sont pas* des épileptiques.

Les troubles du sommeil, dont on connaît la fréquence ainsi que le caractère rebelle au cours des dépressions masquées, peuvent également bénéficier, dans le cadre d'une prise en charge spécialisée, d'un enregistrement continu à domicile (hypnogramme) destiné à étudier la durée du sommeil, sa profondeur, ses stades et leur durée relative, l'importance du sommeil paradoxal, la fréquence des périodes de réveil, etc., de façon à mieux adapter la thérapeutique.

Les potentiels cognitifs évoqués représentent une acquisition récente dans le domaine de l'exploration fonctionnelle neurophysiologique. Ils consistent à mesurer le temps qui s'écoule entre une stimulation extérieure et l'apparition des ondes cérébrales tardives[1], dites P300, faisant appel aux fonctions d'intégration, d'attention, de concentration et de mémoire. Leur latence se situe, normalement, aux alentours de 300 millisecondes (P300 = 300 ms). Plus les processus cognitifs sont rapides, moins ce temps est long (285 à 300 ms) ; en cas d'ébauche de ralentissement psychomoteur et d'inhibition dépressive, leur latence tend à augmenter (entre 310 et 325 ms), tout en restant dans les limites de la normale et sans jamais atteindre les valeurs franchement pathologiques (plus de 350 ms) que l'on rencontre en cas d'affaiblissement intellectuel organique. En revanche, dans les syndromes de fatigue chronique, la latence de P300 est souvent anormalement prolongée. En matière de suivi médical d'un état dépressif, le raccourcissement de la latence de l'onde P300 est parallèle à l'amélioration clinique du patient, constituant un excellent test objectif d'évaluation.

Au terme de l'ensemble de cette démarche, qui reste essentiellement clinique, donc peu vérifiable, le diagnostic de dépression masquée sera habituellement établi,

1. Après un stimulus associé à une activité discriminante (par exemple, reconnaître et compter mentalement des sons graves survenant de façon aléatoire parmi une multitude de sons aigus différents).

sinon sans aucune équivoque, du moins avec une probabilité suffisante pour passer à l'étape suivante.

Avant d'entreprendre le traitement, le rôle du médecin est d'expliquer et de dédramatiser ce qu'est une dépression masquée. Et tout d'abord, de rassurer le malade sur la réalité de la traduction physique de ses troubles. Si ces patients vivent, tant bien que mal, le quotidien de leurs symptômes, ils n'ont souvent rencontré autour d'eux, parfois même chez les médecins, que scepticisme, dédain ou ironie à l'égard de leurs problèmes. L'écoute du sujet, la prise en considération de ses malaises et l'explication, même sommaire, du mécanisme de leur production apportent déjà un soulagement au consultant. Se savoir écouté, se savoir compris, se savoir cru et non renvoyé dans la cohorte des malades imaginaires constitue déjà un premier apaisement. Nommer la dépression masquée, non pour l'évacuer mais pour la considérer comme une maladie que l'on connaît et que l'on peut comprendre, permet déjà de libérer ces malades d'une partie de leur angoisse.

C'est pour cela qu'il est essentiel que la consultation médicale soit complète et consciencieuse. Pour cela aussi, il est souvent nécessaire d'effectuer des examens complémentaires — s'ils n'ont pas déjà été faits — car leur normalité persistante constitue un facteur déterminant dans la prise de conscience, par le patient, de la réalité des composantes psychiques de sa souffrance. Le médecin a aussi pour devoir de s'occuper d'une dépression masquée comme d'une maladie à part entière, avec toutes les possibilités diagnostiques que permet la médecine moderne.

La dépression masquée est une maladie pénible et éprouvante. L'anxiété qui ronge ceux qui en sont atteints est souvent invalidante et le médecin se doit d'être solidaire de son patient, de lui exposer comment une maladie ayant un point de départ métabolique et/ou existentiel peut créer ces symptômes, comment ces symptômes s'auto-entretiennent et influent sur son état psychique. Il est impératif, pour le médecin, d'expliquer à son malade ce qu'il fait, pourquoi il le fait ; il est également souhaitable qu'il l'informe au mieux sur les modes d'action du traitement prescrit. Le dépressif ne peut être laissé seul avec ses symptômes mais nécessite dêtre accompagné dans ses démarches diagnostiques et thérapeutiques.

Le médecin doit connaître la fragilité particulière de ces malades, les graves risques de décompensation qui les guettent, sous forme de dépression avérée ou de conduites suicidaires, dans des circonstances parfois banales de la vie. Il est tenu de prévenir ces risques, tant par le traitement médical que par les informations les plus complètes possibles concernant leur état de santé et les évolutions possibles, qu'il aura à cœur de donner aux déprimés qui s'ignorent.

Traitements des dépressions masquées[1]

La relative complexité des mécanismes des dépressions masquées, le nombre de facteurs qui entrent en jeu dans la production de la maladie, ses différents symptômes et la façon dont ces symptômes s'auto-entretiennent expliquent que différentes modalités thérapeutiques aient été proposées selon que l'on privilégie l'action à un niveau ou à un autre.

Comme nous l'avons vu, il existe des facteurs génétiques, psychologiques, métaboliques, hormonaux, neurohormonaux, neurovégétatifs, limbiques et corticaux. On peut choisir d'agir sur l'un ou l'autre de ces facteurs, ou sur plusieurs, ou sur tous. Ce choix est souvent propre à chaque médecin et reflète sa conception personnelle de cette maladie en particulier et de la médecine en général.

Je tiens à préciser ici que le traitement de la dépression masquée doit être exclusivement un traitement de nature médicale, c'est-à-dire pris en charge par un médecin (pas nécessairement un psychiatre), qui, souvent, devra collaborer avec un psychothérapeute, un psycho-

1. Les médicaments cités dans ce chapitre le sont en employant leur dénomination commune internationale (DCI) et non leur marque commerciale.

logue, ou un praticien des techniques de relaxation ou de déconditionnement.

Plusieurs raisons précises s'opposent à l'automédication et à un recours irréfléchi aux « bons soins » de conseilleurs de tout poil, plus ou moins bien intentionnés.

• Le diagnostic de dépression masquée est une approche médicale. Si de tels états sont fréquents, beaucoup d'autres affections, de diagnostic plus ou moins difficile, peuvent en simuler les symptômes, constituant alors des dépressions masquantes[1].

• Même si une dépression masquée est présente, elle peut être associée à d'autres états pathologiques. Souvent une dépression masquée peut également venir aggraver un état pathologique déjà existant.

• Le risque suicidaire est à prendre sérieusement en considération. Un sujet souffrant d'une dépression masquée n'est que peu, ou pas du tout, inhibé sur le plan psychomoteur; il est donc capable, à l'occasion d'une crise d'angoisse aiguë[2], de commettre par désespoir une tentative de suicide qui, malheureusement, pourra réussir. C'est au médecin de reconnaître ce danger, d'en évaluer les risques, de prendre les mesures préventives qui s'imposent et d'agir en cas d'urgence.

• Les médicaments allopathiques[3] utilisés dans le traitement des dépressions masquées — les seuls qui soient rapidement efficaces — ne sont pas anodins : ils imposent des garanties de suivi, d'attention, de respect des contre-indications et des incompatibilités éventuelles que, légitimement, l'on ne peut attendre que d'une prescription médicale.

• La responsabilité médicale est présente à chaque étape. Le traitement d'une dépression masquée est tou-

1. Voir plus haut.
2. On dit aussi un « raptus anxieux ».
3. Il en est partiellement de même pour les traitements « naturels », qu'il s'agisse d'acupuncture, d'homéopathie, de phytothérapie ou d'ostéopathie.

jours long et parfois décourageant, même si parfois il donne rapidement des résultats spectaculaires. Ces patients nécessitent des compétences, du temps, de la persévérance et de la disponibilité. C'est le métier des médecins de leur donner tout cela. C'est aussi leur métier d'expliquer à leurs malades quelles sont les raisons de leurs symptômes, de les soigner, de les revoir et de les soutenir.

De trop nombreux malades, égarés par un marketing effréné et une vulgarisation médicale omniprésente, spectaculaire, incomplète, parcellaire, orientée ou intéressée, recherchent et attendent la recette miracle, la potion magique, le gri-gri ou le fétiche qui les tireront d'affaire[1]; ceux qui les leur promettent — et les leur vendent — sont souvent des industriels pleins de bonne volonté mais avant tout soucieux des profits de leur entreprise, et, parfois aussi, des chercheurs en mal de reconnaissance, des bateleurs inconscients, des prosélytes incompétents, des gourous illuminés ou de véritables escrocs.

La véritable médecine, soucieuse d'humanisme et de résultats durables, est bien plus humble; elle représente, loin du tapage, un travail sur mesure, au cas par cas, un artisanat minutieux, parfois un bricolage inspiré, mais elle ne peut prétendre aux performances de la série industrielle. C'est à trop oublier la nature intime de l'acte médical et de la relation thérapeutique que l'on perd de vue la raison d'être du médecin : « aider le patient à mettre au travail le médecin qu'il porte en lui » ainsi que le but ultime que se donne la médecine : « élaborer, en se fon-

1. La récente épopée du Viagra® constitue un exemple particulièrement significatif. Il s'agit certes d'un médicament tout à fait sérieux, honorable, et pas trop dangereux mais il pose — sans y répondre — une question essentielle : « A-t-on des érections insuffisantes parce que l'on est malade, trop vieux ou dépressif? Ou bien avoir des érections insuffisantes rend-il malade, vieux et dépressif? » Peu importe la réponse, puisque le Viagra® — s'il tient ses promesses, si la mode persiste, si le machisme latin consent à l'utiliser (ce dont on peut douter) — arrangera tout!

dant sur la connaissance scientifique, un "art de guérir" personnalisé ». Toutes les autres attitudes reviennent à appliquer mécaniquement des recettes anonymes ou à faire du commerce.

Cette position justifie, à mes yeux, que je ne propose ici aucun protocole de traitement. Ce livre n'est ni un mode d'emploi ni un manuel de dépannage; il est destiné à préciser les idées du lecteur, à le rassurer, l'éclairer, l'alerter, l'intéresser, voire à l'aider à mieux comprendre ce qui lui arrive et à mieux s'orienter dans le dédale contradictoire de ses interrogations, mais il ne peut, en aucun cas, le soigner! Dans cette optique, je me limiterai donc à expliquer les raisons et les buts de chaque geste thérapeutique : pourquoi on peut prescrire tel médicament et quelle est son action, ou pourquoi on doit utiliser telle technique et quel en est l'intérêt.

Il n'existe pas de traitement standard des dépressions masquées et les antidépresseurs à eux seuls ne constituent pas une panacée. Il existe néanmoins trois grands axes principaux de traitement :

— les psychotropes (antidépresseurs, anxiolytiques et normothymiques);

— les traitements adjuvants (traitements symptomatiques et traitements du terrain);

— les psychothérapies.

Parmi les médicaments, je ne distinguerai pas radicalement ce qui relève de la médecine allopathique de ce qui est réputé appartenir à des médecines moins conventionnelles, car je ne crois pas qu'il existe deux façons de pratiquer la médecine : une thérapeutique allopathique « dure », technique, froide, brutale, violente, qui s'opposerait point par point à une médecine « douce », utilisant des substances plus naturelles, des herbes, des plantes..., et serait exercée par des praticiens éthérés qui, eux seuls, seraient disposés à tenir compte de l'individu dans sa totalité. Cette vision manichéenne est schématique et fausse.

Certains médecins, qu'ils soient « durs » ou « doux », considèrent comme dangereuse et surtout inopérante une conception trop technique de la médecine qui conduit à découper la réalité, donc le malade, en tranches, en appareils séparés, chacun du domaine d'un spécialiste différent. À se cantonner dans les détails, on ne voit plus l'ensemble. Tout au plus peut-on dire que les praticiens qui s'intéressent à une conception plus unitaire de la médecine sont un peu plus souvent des adeptes des traitements non conventionnels que les allopathes, mais, en contrepartie, leur médecine douce est souvent peu efficace en face de situations pathologiques préoccupantes. Les allopathes attachés à un abord global du patient manient avec douceur des produits durs, car ils savent que c'est souvent la meilleure, voire la seule façon de soigner.

Les psychotropes

On entend par psychotrope toute substance (chimique, naturelle ou synthétique) dont l'effet principal s'exerce sur le psychisme. Dans cette grande famille[1], un peu fourre-tout et définie très largement, seuls nous intéresseront ici les médicaments antidépresseurs, thymorégulateurs[2] et anxiolytiques[3].

---

1. Les psychotropes se composent de trois groupes (classification de Delay), sans préjuger de leur nature, chimique ou non :

— les *psycholeptiques* : sédatifs, somnifères, anxiolytiques, neuroleptiques et thymorégulateurs.

— les *psychoanaleptiques* : stimulants de la vigilance, amphétamines, antidépresseurs.

— les *psychodysleptiques* : perturbateurs du psychisme : hallucinogènes, stupéfiants, alcool.

Se côtoient ici des substances très différentes puisque l'on trouve aussi bien de véritables drogues que l'alcool ou des traitements des états psychotiques (neuroleptiques). Il n'est cependant pas inutile de noter dans ce paysage la place occupée par les médicaments que je serai amené à mentionner.

2. Les thymorégulateurs seront examinés à l'occasion du chapitre consacré à la prévention.

3. Les notions concernant les anxiolytiques se trouvent à propos des traitements adjuvants.

De même que les dépressions manifestes, les dépressions masquées se soignent surtout avec des antidépresseurs. Ce qui peut paraître une lapalissade ou un truisme n'en est pas un, tant sont floues les notions qui entourent ces problèmes, à commencer par la confusion trop souvent entretenue entre les tranquillisants et les antidépresseurs. Les tranquillisants (ou anxiolytiques) sont des sédatifs, des calmants, alors que les antidépresseurs (ou thymoanaleptiques) sont des stimulants psychiques.

En matière de dépression masquée, caractérisée, nous l'avons vu, par l'épuisement des neurotransmetteurs, les antidépresseurs vont venir suppléer la production de ces substances manquantes ou insuffisamment produites (noradrénaline et sérotonine), pour faire disparaître les symptômes physiques et restaurer la qualité de l'humeur.

Il existe un grand nombre de produits sur le marché, parmi lesquels on distingue principalement :

a) *Les antidépresseurs tricycliques*[1] (ou imipraminiques), très efficaces dans 70 % des cas, bénéficiant d'un recul important acquis dans leur prescription et dans la régularité de leurs effets. Ils peuvent avoir des effets secondaires gênants pour les patients, surtout s'ils doivent continuer à travailler, tels que sécheresse de la bouche, sueurs, légers tremblements, constipation, baisse de la tension artérielle. Ils sont fiables mais leur action positive n'est jamais immédiate (sauf sur l'anxiété qui s'améliore très rapidement) ; bon nombre de malades, surtout s'ils ne sont ni désespérés ni cloués au lit, refusent d'attendre les quinze jours à trois semaines nécessaires, quand ils ne constatent aucune amélioration, surtout s'ils ressentent une somnolence ou une accentuation de leur fatigue. L'arrêt prématuré de tels traitements explique souvent que certains patients aient pu les considérer comme nocifs et inefficaces.

1. Imipramine, clomipramine, amitryptiline, désipramine, etc.

b) *Les inhibiteurs des mono-amine-oxydases (IMAO) non spécifiques* représentent les médicaments antidépresseurs les plus anciens et ne sont plus que très peu utilisés, sauf indication particulière, en raison des grandes précautions d'emploi qu'ils imposent.

c) En revanche, des *molécules nouvelles, spécifiques et réversibles (IMAO-A)* comme la *moclobémide* ou la *toloxatone*, sont d'usage plus facile, agissent plus rapidement (une semaine) et ont de bonnes propriétés stimulantes.

d) *Les inhibiteurs spécifiques de la recapture de la sérotonine*[1] *(ISRS) et les inhibiteurs de la recapture de la sérotonine et de la noradrénaline*[2] *(IRSNA)* sont actuellement les antidépresseurs les plus performants et les plus utilisés, surtout en pratique ambulatoire de ville, c'est-à-dire quand le patient n'est pas hospitalisé et doit continuer à exercer ses activités. Ils agissent vite (quelques jours), ont peu d'effets secondaires et procurent rapidement une sensation de bien-être, faite d'une prise de recul par rapport au quotidien, d'une diminution de l'anxiété et de la fatigue et d'un renouveau d'énergie. Ce sont aussi les molécules les plus prescrites lorsque les indications sont hasardeuses ou qu'un authentique état dépressif n'est pas caractérisé. En cas d'attaques de panique, de troubles obsessionnels compulsifs, de douleurs rebelles ou si l'on a des raisons de penser qu'il s'agit d'une dépression masquée, on prescrira presque systématiquement, dans un premier temps, un produit de type ISRS.

Cependant, en pratique, il n'y a pas de critère unanimement reconnu pour choisir l'antidépresseur que l'on conseillera pour la première fois; tout au plus, préfère-

1. Fluoxétine, fluvoxamine, citalopram, paroxétine.
2. Milnacipran, vanlafaxine.

t-on un produit plus sédatif quand l'anxiété est importante et une molécule plus stimulante quand la fatigue est au premier plan. Pour éviter une rechute, le traitement sera poursuivi, au minimum, de six mois à un an avec une diminution des doses très progressive. Lorsque, malgré tout, une rechute[1] symptomatique survient après l'arrêt du traitement, il est préférable de represcrire le même produit; cependant, si son effet s'épuise, il faudra en changer, tout en évitant un médicament ayant été précédemment mal toléré ou inefficace.

Ces règles simples concernant la part médicamenteuse du traitement des dépressions masquées ne doivent pas faire oublier au patient, ni au médecin, que ces médicaments sont loin d'être anodins[2], que les doses employées peuvent être importantes, qu'il y a risque d'effets secondaires désagréables[3] (en particulier en début de traitement, mais pas seulement). On ne dira jamais assez que les effets bénéfiques sont retardés (d'une semaine à un mois), imposant une attente pénible avant de commencer à se sentir mieux.

Les craintes, irrationnelles ou non, qui continuent d'entourer les antidépresseurs chimiques, la peur de leurs effets secondaires et d'une éventuelle dépendance[4] expliquent le succès récent de produits de remplacement à base de plantes, dont l'usage commence à se répandre largement.

e) Dans mon expérience[5], le *millepertuis* (nom latin :

1. Le problème de la prévention des rechutes éventuelles sera examiné plus loin.

2. Risques liés à une éventuelle somnolence dans le milieu professionnel et à la consommation associée de boissons alcoolisées.

3. Dont une prise de poids, légitimement redoutée des patients; elle est fréquente mais pas inévitable, certaines molécules (la fluoxétine) faisant même maigrir.

4. Les études disponibles montrent qu'il n'y a, en réalité, aucune dépendance à craindre avec les antidépresseurs (à la différence des tranquillisants).

5. De nombreuses études scientifiques publiées, en particulier en Allemagne, confirment ces faits.

hypericum perforatum — *St John's wort*, en anglais[1]), plante connue depuis longtemps comme remède populaire, a montré des effets positifs comparables à ceux des antidépresseurs tricycliques dans le traitement des états dépressifs d'intensité faible à modérée, avec une bien meilleure acceptation du produit et une bien meilleure tolérance (2 % d'effets secondaires gênants). Utilisé en gélules d'extrait sec ou en teinture mère, le millepertuis stimule l'humeur, augmente l'entrain et le dynamisme ; il constitue donc une arme de choix, dont il n'y a pas de raisons de se priver, non seulement dans le traitement des dépressions masquées et de leurs symptômes psychovégétatifs, mais aussi dans les problèmes d'adaptation à la vie quotidienne.

f) On insiste depuis peu sur une autre plante, le *kawa*, dont les propriétés seraient davantage anxiolytiques, apaisantes et calmantes, favorisant ainsi l'endormissement et la qualité du sommeil, en restaurant les rêves et en régulant les différentes phases du sommeil. Puisque beaucoup de ces patients surmenés souffrent de difficultés de récupération liées à l'insomnie, pourquoi ne pas tenter un traitement naturel par le kawa, seul ou associé au millepertuis ?

Si l'emploi des antidépresseurs naturels que je viens d'évoquer ne pose guère de problème majeur, il n'en est pas de même des antidépresseurs chimiques et l'on peut légitimement se poser une question encore largement débattue : en cas de dépression masquée, doit-on toujours prescrire des antidépresseurs ?

Les réponses ne sont pas évidentes ; il faut mettre sur les plateaux de la balance le bénéfice que l'on espère procurer au patient, les craintes et parfois l'incrédulité ou le refus de ce dernier, les effets secondaires possibles, la

1. Les Américains lui vouent un réel engouement et le surnomment le Prozac® naturel !

lourdeur et la durée du traitement et aussi le fait que bon nombre des symptômes présents dans les dépressions masquées peuvent être guéris, ou améliorés, par d'autres catégories de médicaments, de maniement plus simple et moins offensif, que j'aborderai à propos des traitements adjuvants.

Les traitements adjuvants

La notion de traitements adjuvants recouvre deux ordres de faits différents :

— Premièrement, les stratégies thérapeutiques destinées à équilibrer le terrain et à lutter contre certaines des composantes métaboliques des états dépressifs.

— Deuxièmement, les traitements symptomatiques, qui servent à combattre rapidement les manifestations organiques les plus gênantes de ces dépressions masquées.

Les composantes métaboliques des états dépressifs

Ce que nous connaissons des différents facteurs qui entrent en jeu dans le mécanisme des dépressions masquées fait intervenir, dans un premier temps, la notion d'hyperexcitabilité neuromusculaire, elle-même autoentretenue par l'établissement de cercles vicieux pathologiques autonomisés et engendrée par des perturbations ioniques et métaboliques.

Les médecins sont donc amenés à utiliser différents agents thérapeutiques selon le ou les points de ces mécanismes sur lesquels ils entendent agir.

C'est ainsi que l'on pourra :

— privilégier la régulation des troubles ioniques;

— tenter d'agir sur la perméabilité des membranes cellulaires;

— diminuer les troubles alcalins induits par l'hyperpnée relative;

— calmer l'anxiété;
— réduire l'hyperexcitabilité neuromusculaire (soit par divers médicaments, soit par diverses techniques de contrôle du tonus musculaire);
— corriger, de façon globale, les troubles du terrain.

Dans cette hypothèse, les troubles ioniques des dépressions masquées portent principalement sur le calcium, le magnésium et le phosphore; la vitamine D intervenant dans le transport du calcium à l'intérieur de la cellule.

La régulation des troubles ioniques

• *La calcémie*[1] est habituellement normale chez ces sujets mais il existe parfois une quantité augmentée de calcium dans les urines (calciurie); dans ces conditions, puisque le taux de calcium est normal et qu'il existe une fuite de calcium dans les urines, il est maintenant admis qu'il est utile d'instituer une supplémentation calcique: sels de calcium et maintien du pool calcique de l'organisme grâce à un régime riche en calcium (gruyère et autres fromages, lait, yoghourt, œufs, fruits secs). En effet le stock de calcium de l'organisme se trouvant au niveau osseux, la conservation d'une calcémie normale impose à l'organisme de prélever le calcium des os, ce qui peut les déminéraliser et les rendre plus fragiles (ostéoporose).

• *Le phosphore* agit également sur les transferts cellulaires de calcium. Il augmente le capital calcique des cellules en maintenant le calcium sous forme de complexes phosphate-calcium au niveau des mitochondries. Le phosphore diminue la fuite calcique, ce que l'on peut confirmer en vérifiant la diminution de la calciurie sur des dosages successifs.

• *Le magnésium* — sel minéral phare des années 80 — a longtemps été identifié au syndrome spasmophile et à la

1. Taux de calcium sanguin.

prévention de la « nervosité ». C'est devenu moins vrai mais le magnésium demeure un produit ubiquitaire et sans danger, excellent traitement des manifestations mineures d'hyperexcitabilité, qu'il s'agisse de stress, d'anxiété, de fatigue ou de pertes de mémoire.

Le taux de magnésium intracellulaire[1] est parfois abaissé mais, de toute manière, le stock qu'en possède l'organisme est réduit (21 à 28 grammes répartis pour moitié dans les os et pour moitié dans les muscles, les tissus mous et le sang) alors que le stock calcique est considérable (1 500 grammes). On admet qu'il existe des carences en magnésium chez certains sujets mais aussi que la ration alimentaire est trop pauvre en magnésium, qui, de plus, pénètre difficilement à l'intérieur des cellules et a tendance à ne pas y rester. C'est un des rôles de la vitamine D, d'en favoriser la pénétration et la fixation cellulaire.

Pour certains auteurs, le déficit en magnésium rend compte de toutes les manifestations physiques et nerveuses de type dépression masquée ou spasmophile. Il s'agirait de « la forme neuromusculaire type du déficit magnésique primitif ». Cette conception permet effectivement d'expliquer certains des symptômes, en particulier les manifestations de caractère neuromusculaire, mais il faut se garder d'être réducteur, et nous avons vu que bien d'autres mécanismes complexes entrent en jeu.

Toutefois, l'accent mis sur le déficit magnésique primitif permet de comprendre l'importance que garde la magnésothérapie dans l'esprit du public. Il ne s'agit pourtant pas d'un mythe : ce déficit serait dans trois quarts des cas une carence d'apport. Notre ration alimentaire serait trop pauvre en magnésium : nous n'absorbons dans les aliments que 3 à 5 milligrammes de magnésium par kilo

1. Les dosages biologiques du magnésium plasmatique et intracellulaire ne sont plus pris en charge par la Sécurité sociale, sauf rares exceptions.

et par jour, soit de 150 à 300 milligrammes de magnésium par jour; or il est démontré que pour équilibrer le bilan magnésien, c'est-à-dire que les apports compensent les pertes, il faudrait au minimum 6 milligrammes de magnésium par kilo et par jour (de 300 à 450 milligrammes pour un individu de poids moyen). C'est pour cette raison que les traitements des troubles fonctionnels comportent habituellement un apport quotidien de sels de magnésium et un régime alimentaire riche en magnésium (cacao, fruits secs, soja, noix, dattes).

Cependant, il faut également tenir compte d'un possible facteur de « déplétion », c'est-à-dire de la qualité constitutionnelle de l'absorption et de l'excrétion cellulaire du magnésium et des autres ions, ainsi que des variations individuelles des mécanismes de pénétration et de maintien des ions dans les cellules. À ce niveau, l'important est la perméabilité de la membrane cellulaire, dont on peut penser qu'elle est modifiée de façon spécifique chez ces sujets, faisant intervenir une composante génétique.

La perméabilité des membranes cellulaires

Si l'on admet que la perméabilité de la membrane cellulaire joue un rôle dans la genèse des symptômes, il serait tentant d'essayer d'agir sur cette perméabilité dont l'augmentation ou la diminution seraient bien de nature héréditaire. Malheureusement, on ne peut pas agir sur ce trouble génétique de la perméabilité de la membrane cellulaire. En revanche, sur le plan pratique, on sait que la vitamine D favorise la pénétration du calcium et du magnésium dans la cellule et semble ensuite favoriser le maintien de ces ions au niveau des mitochondries. La vitamine D était connue depuis longtemps pour prévenir et guérir le rachitisme mais, depuis peu, on insiste également sur ses propriétés stimulantes de l'humeur, liées au métabolisme de la mélatonine, hormone qui entretient des rapports étroits avec la lumière, l'ensoleillement et la régulation des cycles du sommeil[1].

Les troubles alcalins induits par l'hyperpnée relative

L'hyperpnée chronique[2] engendre des symptômes d'hyperexcitabilité neuromusculaire et alcalinise le milieu ambiant. L'anxiété elle-même est facteur d'hyperpnée, qui à son tour intensifie l'anxiété, créant, une fois de plus, un cercle vicieux pathologique[3]. Il est logique d'essayer de corriger les troubles alcalins et de combattre l'hyperpnée chronique mais les techniques d'acidification, c'est-à-dire qui visent à combattre l'alcalinité du milieu ambiant, ne peuvent être poussées au-delà de certaines limites et ne représentent donc qu'un palliatif[4]. L'acidose métabolique (au niveau sanguin) peut être provoquée en créant une fuite des bicarbonates. Certains diurétiques ont cette action mais leur utilisation ne peut être que transitoire.

La correction de l'hyperpnée chronique s'obtient en utilisant certains sédatifs mais surtout en faisant prendre conscience au malade de la façon inadaptée qu'il a de respirer et en lui apprenant des techniques respiratoires plus propices, telle une respiration diaphragmatique lente remplaçant une respiration superficielle rapide. L'apprentissage des techniques de respiration diaphragmatique constitue une véritable rééducation, très importante dans l'abord thérapeutique des patients, à rapprocher des dif-

---

1. À ce propos, il me faut citer l'existence des dépressions saisonnières, survenant en automne et en hiver, qui sont des troubles de l'humeur revenant chaque année, manifestement en rapport avec le manque de lumière solaire. La photothérapie (séances d'exposition du sujet à de puissantes sources d'ultraviolets) en constitue un traitement de choix, de même que la prescription systématique de doses de vitamine D à titre préventif et thérapeutique.

2. Exagération de l'amplitude et du rythme des mouvements respiratoires.

3. Pour les Anglo-Saxons l'hyperventilation chronique est le mécanisme majeur dans la production des attaques de panique et de symptômes d'hyperexcitabilité.

4. L'acidose gazeuse s'obtient en respirant en atmosphère confinée (par exemple, dans un sac en plastique) ou en pratiquant des exercices d'apnée d'une durée de 30 à 60 secondes.

férentes méthodes comportementales et de relaxation, destinées à éduquer et à rééduquer le contrôle du tonus neuromusculaire.

Les diverses modalités de *traitement symptomatique* de l'anxiété seront examinées plus loin.

Je reviendrai sur *les traitements comportementaux* et *les techniques de contrôle de l'excitabilité neuromusculaire.*

Des conceptions plus unitaires de la médecine prônent *des traitements visant à soigner le terrain « anxio-dépressif » en général.* Ainsi, l'homéopathie, qui s'adresse non à une maladie désignée mais aux symptômes fonctionnels et aux tempéraments, prend pour principe que des agents susceptibles de provoquer un mal sont capables, à des doses infinitésimales, de le guérir. Sans aborder les problèmes théoriques de l'homéopathie et de ses modalités thérapeutiques, il est cependant clair qu'elle est avant tout un mode d'approche clinique. En postulant qu'une maladie est faite uniquement de symptômes, elle conduit, avant d'entreprendre le traitement, à une connaissance approfondie des situations et à un bilan biologique qui évite toute surprise. L'action des substances utilisées repose non sur une théorie mais sur une comparaison empirique de leur ressemblance d'action avec les singularités psychologiques de chaque patient.

On peut donc comprendre que cette médecine de la personne soit parfois efficace dans une situation de dépression masquée et, sans préjuger de l'action réelle des substances prescrites, la connaissance approfondie de la personnalité et du tempérament du malade constitue déjà une attitude thérapeutique en soi. Le travail des homéopathes, avant tout d'ordre psychosomatique, peut conduire à les faire accuser d'agir par suggestion ou par effet placebo. Mais nous savons bien que « le médicament, c'est le médecin », ce qui permet d'expliquer l'origine d'un certain nombre de succès thérapeutiques appréciables.

Les traitements par oligo-éléments veulent être des médecines du terrain et postulent qu'un certain nombre de métaux ou métalloïdes (zinc, cuivre, manganèse, lithium[1], argent, etc.) sont indispensables à l'organisme pour réaliser certaines réactions chimiques nécessaires à son bon fonctionnement.

Les oligo-éléments qui manquent à l'organisme doivent être apportés en doses très faibles, absorbés par voie perlinguale. Les médecins qui utilisent ces oligo-éléments se sont attachés à décrire chez les malades un certain nombre de « terrains », chacun justiciable d'apports spécifiques. Là encore, une approche clinique très attentive est indispensable pour préciser les modalités des symptômes ressentis. Les oligo-éléments utilisés aux doses habituelles ne sont jamais dangereux pour l'organisme et c'est là un de leurs avantages très appréciable. Selon les terrains, les oligo-thérapeutes décrivent de nombreuses associations efficaces sur divers symptômes de la dépression masquée. Par exemple, le zinc-nickel-cobalt agit sur la fatigue, le cuivre-or-argent améliore les états dépressifs, le manganèse-cobalt calme les spasmes et les douleurs thoraciques, le lithium prévient les variations brutales de l'humeur. Ici aussi, les bases psychochimiques de l'action des oligo-éléments sont imprécises mais, de toute manière, l'attention scrupuleuse que ces praticiens accordent aux patients leur est souvent bénéfique, au moins transitoirement.

Les traitements symptomatiques

Les nombreux traitements symptomatiques, dont la prescription associée est souvent indispensable, sont des-

1. Le lithium, normothymique prescrit à doses pharmacologiquement actives en allopathie, est réputé agir comme anxiolytique et régulateur de l'humeur à des doses extrêmement faibles.

tinés à corriger les troubles gênants pouvant exister — ou persister — *malgré* un traitement antidépresseur bien conduit, ou dans la phase de début de ce dernier. Ils seront présentés à propos des différentes fonctions concernées.

Le traitement de l'anxiété

L'anxiété, que ses manifestations soient physiques ou psychiques, fait souvent partie des symptômes les plus invalidants des dépressions masquées[1]. Heureusement, elle est habituellement bien contrôlée dès le début du traitement antidépresseur. Quand ce n'est pas le cas, et quand l'anxiété reste notable, la plupart des tranquillisants disponibles peuvent être utilisés, transitoirement, en fonction de leur efficacité, de la tolérance des patients et des préférences des médecins. L'usage limité de ces molécules est utile, voire indispensable, pour briser un cercle pathologique (les symptômes créent l'anxiété qui, en retour, majore les symptômes) et interrompre cette ronde afin d'installer des comportements neuropsychologiques positifs, qui feront bénéficier le patient d'un bien meilleur confort quotidien.

Le traitement des attaques de panique

Le cas particulier des attaques de panique nécessite souvent l'utilisation de benzodiazépines[2] spécifiques (*clonazépam, alprazolam*) qui ont un point d'impact électif sur les zones cérébrales responsables de leur survenue. En situations d'urgence, on utilisera des formes injectables.

1. À ce propos, il ne faut pas oublier qu'un état anxieux qui n'est pas guéri par la prise transitoire d'anxiolytiques n'est probablement pas une anxiété « simple », mais le signe d'un état dépressif masqué par l'anxiété. La seule consommation de tranquillisants au long cours sera inefficace — et toxique — si on ne prescrit pas également un antidépresseur.

2. Synthétisées dès 1959, elles représentent aujourd'hui la catégorie de médicaments anxiolytiques la plus utilisée. Elles ont également remplacé les barbituriques dans le traitement des insomnies.

Le traitement des crises de tétanie

Les crises de tétanie, autre urgence médicale fréquente, avec ou sans perte de connaissance, faites de contractures violentes et douloureuses des membres et du tronc et d'une respiration accélérée (hyperpnée) sont extrêmement angoissantes et accompagnées d'une sensation de mort imminente. Leur traitement fait appel à une dédramatisation de la situation, en calmant le malade et son entourage, à l'emploi de l'acidose gazeuse (faire respirer le malade dans une atmosphère confinée ou dans un sac en plastique), aux injections intraveineuses de calcium et aux injections intramusculaires de tranquillisants.

Les tranquillisants chimiques sont des produits parfois indispensables, très efficaces et relativement sûrs, dont les inconvénients sont nombreux, qu'il s'agisse de fatigue, de pertes de mémoire ou de l'installation d'un manque de réactivité et d'une certaine torpeur ; mais leur principal danger vient surtout de l'accoutumance qu'ils provoquent rapidement. Le fait de s'y habituer entraîne un risque non négligeable de dépendance physique (semblable à celle provoquée par l'alcool). Pour ces raisons, la prescription en est limitée à trois mois et bien des patients préfèrent recourir, à juste titre, à des anxiolytiques et sédatifs naturels, certes moins puissants mais non toxiques, tels que la valériane, l'aubépine, la passiflore, la mélisse ou encore le calcium et le magnésium.

Le traitement symptomatique des troubles du sommeil

Quand les troubles du sommeil sont présents, celui-ci doit souvent être institué, au moins au début de la prise en charge d'une dépression masquée. Certes, le traitement étiologique (les antidépresseurs) doit, en principe, restituer un sommeil satisfaisant mais ce n'est pas toujours le cas. Les insomnies représentant un des symptômes les plus pénibles, il faut les faire disparaître prioritairement. Un bon sommeil conditionne l'évolution ; on ne peut aller bien quand on dort mal.

Si le sommeil tarde à se régulariser, aider à en réorganiser les alternances jour-nuit se révèle parfois difficile chez un sujet installé depuis longtemps dans une perturbation profonde de ses rythmes circadiens ; une certaine patience est alors indispensable, de la part du malade et de son médecin.

L'insomnie d'endormissement est la plus facile à éliminer. De nombreux hypnotiques permettent de s'endormir, c'est-à-dire de raccourcir le délai d'endormissement ; on les nomme des inducteurs du sommeil. Les plus maniables, dont les risques de dépendance sont réduits et qui laissent la tête claire le lendemain matin, sont des molécules dérivées des antidépresseurs, le *zolpidem* et le *zopiclone*.

Les insomnies de la deuxième partie de la nuit et les réveils fréquents peuvent être plus délicats à contrôler. Parfois, des tranquillisants à orientation somnifère comme le *flunitrazépam*, le *clonazépam*, le *triazolam*, le *loprazolam* ou des antidépresseurs très hypnogènes comme la *doxépine* et la *trazolone* sont suffisants pour y parvenir ; mais dans d'autres cas, il faudra mettre au point, peu à peu, un véritable cocktail pour obtenir un résultat satisfaisant[1].

Bien entendu, les traitements chimiques des insomnies, même quand elles sont sévères, ne sauraient être que transitoires et les médecins doivent s'interdire toute facilité de prescription, génératrice d'accoutumance. Une large majorité de patients en sont conscients, se méfient des somnifères et là encore privilégient stoïcisme, plantes et tisanes.

1. Le retrait de la vente des somnifères barbituriques (en raison du détournement de leur usage par certains toxicomanes) a privé de nombreux patients de traitements efficaces dans des cas difficiles.

Les traitements symptomatiques de la fatigue intellectuelle et des difficultés cognitives (mémoire, concentration, attention)

Ils doivent permettre aux patients de retrouver des fonctions cérébrales semblables à celles qui étaient les leurs avant leur maladie. Une grande partie du processus de normalisation se fera grâce au traitement antidépresseur lui-même mais il peut être utile d'y adjoindre des produits visant à améliorer la circulation et la vascularisation cérébrale, à lever les spasmes et à renforcer l'oxygénation cellulaire. La *dihydroergotoxine* et les dérivés de la *papavérine* sont les plus utilisées parmi les substances visant à corriger les symptômes du déficit mental en facilitant l'action des récepteurs à dopamine et à sérotonine ; doté du même type d'action sur les neurotransmetteurs, le *piracétam* facilite l'apprentissage et améliore la mémorisation.

Le traitement de la fatigue

Fatigue et fatigabilité physique sont au cœur des symptômes de la dépression masquée et, en principe, il n'est pas nécessaire de prescrire un traitement symptomatique antifatigue en association avec le traitement antidépresseur. Dans la réalité, la sensation de fatigue est souvent persistante et demande une prise en charge appropriée[1]. Par ailleurs, certains médicaments antidépresseurs (les tricycliques) ont pour effet secondaire de provoquer des baisses de la tension artérielle, elles-mêmes responsables d'états de fatigue et qui devront être corrigées, par exemple par l'*heptaminol*. Enfin, dans les états de fatigue chronique (qu'ils soient ou non en rapport avec une dépression masquée), les Anglo-Saxons insistent beaucoup sur la responsabilité des baisses permanentes de la tension artérielle[2], sans doute d'origine neurologique, nécessitant des traitements plus spécifiques, comme la *midodrine*, à prendre au long cours.

1. Voir les très nombreuses spécialités pharmaceutiques « stimulantes » et « antifatigue ».
2. « *Neurally Mediated Hypotension* ».

Les traitements des manifestations musculaires, abdominales et digestives

D'autres traitements symptomatiques pourront être utiles, en particulier pour ce qui est des manifestations musculaires, abdominales et digestives. Ainsi, la persistance de douleurs, de fatigabilité et de crampes musculaires rend parfois souhaitable l'association d'un myorelaxant (décontractant musculaire) supplémentaire, comme le *carisoprodol* ou le *tétrazépam*. Colites spasmodiques, douleurs abdominales, aérophagie, flatulences, gaz, ballonnements, alternances de diarrhée et de constipation, nausées, digestions difficiles, allergies alimentaires[1], etc. se révèlent souvent très handicapants par leur persistance et imposent des approches thérapeutiques symptomatiques, en association avec les antidépresseurs. Ce d'autant plus que ces derniers sont susceptibles de ralentir le transit intestinal et de diminuer les sécrétions digestives.

Avant d'aborder le volet concernant les psychothérapies, je reviens sur ce que doit être l'attitude du médecin traitant. C'est une attitude d'ouverture et de compréhension, c'est aussi, en elle-même, une attitude psychothérapique au sens médical du terme, c'est-à-dire de soutien du malade. Le médecin soigne mais aussi explique la maladie et ses symptômes. Le médecin dédramatise et rassure. Le médecin accompagne le malade dans sa maladie. Mais pour autant le médecin ne doit pas oublier l'acquis de la science médicale, il ne doit pas perdre de vue les atteintes organiques macrolésionnelles, qu'elles coexistent avec une dépression masquée ou bien qu'elles prennent la forme d'une dépression masquante. Il doit certes se pénétrer de la fréquence de l'existence d'une pathologie fonctionnelle bénigne, sous-tendue par une dépression masquée, mais il est avant tout un praticien du corps, et tout le reste de la pathologie organique doit demeurer présent à son esprit.

1. Mébévérine, chlordiazépoxide, chromoglycate de sodium.

Les psychothérapies

Les psychothérapies seront ici entendues au sens large de traitement non médicamenteux. Il s'agira principalement des techniques de relaxation, des méthodes cognitives, des techniques comportementales et des thérapies d'inspiration psychanalytique. De même que le traitement biologique seul est souvent insuffisant à guérir une dépression masquée s'il ne s'accompagne pas d'une prise de conscience par le sujet du déterminisme de ses symptômes, les psychothérapies seules ne suffisent pas à faire disparaître le mal-être du sujet. Sans doute les causes psychologiques elles-mêmes ne sont-elles guère accessibles aux médicaments mais il faut bien comprendre que la dépression masquée est inscrite dans le biologique, et que, quelles que soient les causes déclenchantes, des cercles vicieux pathologiques se sont installés et autonomisés. Il serait donc faux de dire que les médicaments soulagent mais que la psychothérapie guérit. Ils se complètent l'un l'autre, en agissant ensemble sur les symptômes et sur des modes de pensée pathologiques.

Les techniques de relaxation

Nous avons vu l'importance de la composante spasmes, engendrée par l'hyperexcitabilité neuromusculaire, dans la genèse des signes de la dépression masquée. Cette prépondérance explique la large place accordée aux techniques de relaxation.

Elles visent à éduquer et à rééduquer le contrôle du patient sur son tonus musculaire. Partant du principe que l'excitabilité neuromusculaire dépend d'un circuit cortico-thalamo-hypophysaire, il est logique de penser qu'un individu puisse arriver à le contrôler directement.

La relaxation recouvre plusieurs conduites thérapeutiques, depuis les plus simplistes jusqu'aux méthodes les plus élaborées. Toutes les méthodes utilisent le vécu corporel comme support de l'action thérapeutique et ont pour but d'obtenir un meilleur contrôle musculaire et émotionnel.

Je ne décris pas les différentes techniques de relaxation, mais les résultats sont souvent satisfaisants tant sur le plan psychothérapique[1] que sur celui du contrôle des symptômes. Les patients peuvent ainsi apprendre à se détendre, à modifier leur respiration, à connaître leur corps.

Le bio-feedback

Utile pour améliorer l'anxiété, les maux de tête et la fatigue, le bio-feedback est aujourd'hui très prisé des cadres stressés et des gourous de la communication. Il représente une alternative technologiquement séduisante à la monotonie des traditionnelles séances de relaxation. Les manifestations corporelles (muscles, cerveau, cœur, température cutanée, sudation) sont visualisées sur des écrans sous forme de signaux lumineux et traduits en signaux sonores, tous directement visibles et audibles par le patient. Le patient voit et entend ainsi ces divers paramètres et en prend conscience; la relation entre son psychisme et ses fonctions organiques devient perceptible. Le sujet peut maîtriser et contrôler son tonus musculaire, en suivre les progrès sur l'écran, apprendre à reconnaître ses états de relaxation et de tension. Les séances durent de 20 à 30 minutes et leur nombre va de 12 à 16. C'est un traitement relativement court, adapté à la vie moderne et positif pour les problèmes de dépressions masquées comme pour les états de stress en général.

À titre d'exemple, le contrôle de l'activité cérébrale (EEG) visualisant la présence abondante d'ondes alpha (8 à 10 cycles par seconde) correspond à un état de relaxation alors que les ondes rapides ou ondes bêta (13 à 30 cycles par seconde) apparaissent dans des états de concentration, d'anxiété et d'appréhension. L'apprentis-

1. Toute prise en charge constitue une psychothérapie.

sage consistera à augmenter la présence d'ondes alpha et à diminuer ou à supprimer la présence d'ondes bêta, le patient prenant conscience du lien qui existe entre son état de tension psychologique et l'aspect du tracé encéphalographique. Pour obtenir l'amélioration électrique et psychologique, il apprendra donc à se laisser aller.

L'acupuncture

Je fais ici une place à l'acupuncture, bien qu'il s'agisse d'une technique médicale appliquée par un médecin et non d'une psychothérapie à proprement parler ; elle agit indiscutablement sur les spasmes et les contractures musculaires sur le mode de la relaxation. Sans entrer dans les implications philosophiques, cosmogoniques et ésotériques de la théorie chinoise de l'acupuncture, il est incontestable qu'il existe une acupuncture « à l'occidentale » qui, par ses techniques propres, obtient d'excellents résultats dans le traitement des contractures musculaires et des douleurs qui en résultent (torticolis, lumbago, sciatiques, lombalgies chroniques, etc.), si fréquentes en cas de dépression masquée. On peut comprendre que l'acupuncteur qui utilise des techniques efficaces sur la douleur puisse briser certains des cercles vicieux pathologiques en traitant les symptômes dont il s'occupe. Là encore, il s'agit d'un soulagement transitoire mais il est parfois suffisant. Le mécanisme antalgique de l'action des manipulations vertébrales, qui agissent par élongations localisées de segments musculaires, peut sans doute être compris de la même façon que celui de l'acupuncture et fait partie de ces nombreuses techniques physiques de prise en charge des patients utiles pour évacuer une partie de leur anxiété, sans passer par la médiation du langage ni celle du médicament.

Les thérapies cognitives

Celles-ci visent à aider le patient à se débarrasser d'un système de pensée pathologique, dont souvent il n'a pas conscience et qui façonne son mode d'être au monde. Le thérapeute va donc admettre la réalité des problèmes et des symptômes évoqués par le sujet et agira, activement, pour le pousser à les prendre en charge, à s'en accommoder ou à les dépasser. Il dressera la liste précise et concrète des problèmes spécifiques qui gênent un patient donné (par exemple difficultés à préparer un repas liées à la fatigue, et non simplement « fatigue » ; ou bien difficultés dans la lecture, la conversation ou les déplacements, liées à la mémoire et non « mémoire »). Le patient évaluera lui-même l'ensemble de ses possibilités physiques (douleurs, force, endurance, capacités de travail, etc.), intellectuelles (mémoire, attention, etc.), fonctionnelles (activités quotidiennes, activités professionnelles, gênes spécifiques créées par d'éventuelles phobies, etc.). À ce stade, seront abordés les souhaits du patient (avoir moins mal, mieux dormir, avoir plus d'endurance, de mémoire, etc.). La rééducation peut alors commencer selon un programme précis, passant par le réentraînement (activités quotidiennes, effort, etc.), le contrôle personnel de la douleur (points de pression, etc.), les exercices de mémorisation et le réentraînement intellectuel, l'apprentissage des techniques de conservation de l'énergie, les techniques de relaxation, l'apprentissage du développement d'aptitudes nouvelles[1], l'éducation visant à diminuer la peur, l'anxiété et les facteurs de stress, la mise en contact avec des situations redoutées[2] dans le but de réussir à les dominer.

L'attitude générale du thérapeute doit être ici active et interventionniste. Elle consiste à dire : « Oui, vous avez des problèmes, peu importe leur origine, je vais vous apprendre à vous en débarrasser. » Le système pathologique de pensée sera évoqué le moins possible, sauf pour

1. Une occupation annexe gratifiante ou un hobby librement choisi aident à retrouver le sentiment de sa propre valeur, la confiance en soi, la motivation, améliorent l'humeur, combattent le pessimisme.

2. En cas de phobies.

rectifier des sentiments irrationnels, manifestement faux, ou des interprétations injustement défavorables du sujet à propos de ses propres potentialités. Les patients qui ont tendance à porter des jugements par trop négatifs sur eux-mêmes et leurs capacités réelles devront s'efforcer de rétablir une évaluation plus conforme à la réalité objective.

Les psychothérapies

Techniques de relaxation et thérapies comportementales sont relativement faciles à faire accepter à un patient souffrant de dépression masquée, il n'en est pas toujours de même en ce qui concerne les psychothérapies au sens strict du terme. Conseiller une psychothérapie est souvent très mal vécu. Il faut être extraordinairement prudent et attendre que le sujet soit prêt (affectivement et intellectuellement) à accepter un tel projet. Dans bien des cas, cette proposition est comprise par le patient comme l'affirmation qu'il n'a « rien », que c'est « dans la tête », qu'il est seul responsable de sa maladie; c'est le faire retomber dans le champ de la pathologie mentale dont il veut, à toute force, s'extraire. C'est également le culpabiliser, et la culpabilité, décuplée par l'introspection et le ressassement, sape les défenses[1] de l'individu, contribuant à l'enfermer dans la maladie.

Quelles que soient précisément ses modalités techniques (psychanalyse classique et psychothérapie d'inspiration psychanalytique, psychothérapie éducative de Jung, psychothérapie rééducative d'Adler, psychothérapie de soutien, etc.), une psychothérapie idéale, si elle est non seulement acceptée mais voulue par le patient, aurait pour but de mettre à jour les scénarios inconscients qui entretiennent ses comportements pathologiques et sa relation avec son propre corps; ce faisant, on postule,

1. Pas seulement d'hypothétiques défenses morales mais, plus concrètement, ses défenses physiques et immunitaires.

peut-être hâtivement, que la prise de conscience de ces mécanismes réduit le poids de leur action nocive.

Il ne s'agit pas là de se « regarder le nombril », de s'accuser de tout et de rien, de se complaire dans une délectation morose, de s'éloigner du réel et du monde extérieur mais bien de comprendre ce qui se passe. Puisque les symptômes de la dépression masquée seraient le résultat de conflits profondément enfouis et d'émotions réprimées, essayons de les retrouver et d'enfin les exprimer. Puisque, selon la théorie psychanalytique, la dépression peut être interprétée comme la traduction d'une expérience symbolique de perte[1], faisons tout pour remettre la main sur ce que nous avons perdu, ou pour accepter cette frustration sans nous rendre malade.

1. L'expérience de perte est commune à tous les individus (séparations, deuils, déceptions, perte de la jeunesse, des illusions, perte de la mère idéale, etc.) mais seuls les dépressifs en font une maladie ! Preuve, s'il en fallait une de plus, de la nécessité d'un terrain particulier ou d'une prédisposition de l'individu dépressif.

Prévention des dépressions masquées

Les problèmes de la prévention des dépressions masquées se posent à deux niveaux différents :

— Existe-t-il des médicaments capables de prévenir une rechute dépressive ? La réponse est oui.

— Existe-t-il une hygiène de vie, des comportements alimentaires, des modes de pensée ou des mesures prophylactiques pouvant prévenir l'apparition des symptômes de dépression masquée, ou en diminuer l'intensité ? Là encore, la réponse est oui.

Les médicaments prévenant les rechutes dépressives

Les thymorégulateurs ont pour rôle spécifique de prévenir les rechutes des manifestations dépressives. Ils n'ont en revanche pas d'action curative sur les dépressions. Pour pouvoir parler de rechute, encore faudrait-il considérer qu'il y ait eu guérison, cette dernière nécessitant en elle-même un à deux ans de traitement et de surveillance constante. On considère actuellement que, en moyenne, 40 % des sujets atteints de dépressions et de dépressions masquées vont rechuter dans l'année qui suit l'arrêt des médicaments[1]. Il s'agit d'un nombre considérable et l'on comprend que l'on puisse chercher à tout prix à éviter une rechute. Les sels de lithium ont indiscutablement fait la preuve de leur efficacité remarquable dans la prévention des états maniaco-dépressifs[2] mais pour ce qui est des épisodes dépressifs récurrents plus ou moins habituels, sans véritable alternance de signes d'agitation maniaque, les choses sont moins claires et l'action favorable du lithium n'y est pas entièrement démontrée.

De toute manière, il faut savoir que lorsqu'un médecin est amené à prescrire un traitement par les sels de lithium[3], il s'agit d'une décision lourde. Le traitement est permanent, relativement toxique (ce qui impose une surveillance biologique) et provoque de nombreux effets secondaires (troubles digestifs, tremblements, augmentation massive des besoins en eau et des quantités d'urine, prise de poids). Ceux-ci, sans être rédhibitoires, sont particulièrement gênants, ce qui conduit à réserver ce médicament aux situations où il est indispensable.

L'hygiène de vie

Dans cette approche, un certain nombre de principes simples viennent à l'esprit pour conserver l'équilibre des différentes fonctions physiques et mentales de son corps et éviter par là même les risques de décompensation.

---

1. Cette proportion augmente chez les gens âgés, chez ceux qui ont déjà eu plusieurs épisodes dépressifs et lorsqu'il y a d'importants facteurs de risques génétiques ou psychologiques.

2. Les états maniaco-dépressifs, ou troubles bipolaires de l'humeur, se caractérisent par l'alternance, selon un rythme et une fréquence variables, d'accès d'agitation et d'excitation (manie), et d'accès dépressifs de type mélancolique, séparés par des intervalles libres asymptomatiques plus ou moins longs.

3. Les oligo-éléments de lithium, que j'ai déjà mentionnés, n'ont aucun des inconvénients des sels de lithium pharmacologiques et constituent, au contraire, un régulateur de l'humeur particulièrement souple et efficace.

On peut s'efforcer de corriger les carences métaboliques qui entretiennent une grande partie des symptômes. Dans une optique résolument écologique, il ne faut pas méconnaître les nombreuses carences d'apport alimentaire en sels minéraux, en particulier en magnésium, calcium et phosphore. Les raisons de ces carences sont multiples dans le monde actuel : engrais azotés, riches en potassium, appauvrissant les produits végétaux en magnésium et calcium, eau potable fréquemment adoucie, céréales débarrassées de leur écorce riche en éléments minéraux et en vitamines, sucre et sel de plus en plus raffinés, diminution de la consommation de fruits et de légumes secs, riches en sels minéraux, alimentation trop riche en graisses saturées, consommation excessive d'alcool, augmentant les besoins ioniques de l'organisme.

De ces constatations découlent des règles diététiques simples que l'on peut proposer à tout un chacun.

• Boire de l'eau minérale (vérifier sur l'étiquette sa teneur en sels minéraux) et la boire en grande quantité : un litre à un litre et demi par jour. Favoriser les aliments riches en calcium (lait, fromages, laitages), en magnésium (légumes secs, fruits secs, céréales entières, oléagineux, chocolat, etc.), en phosphore (légumes secs, fruits secs, poissons). Diminuer ou supprimer l'alcool qui augmente les besoins en sels minéraux.

• Il est également utile de favoriser le métabolisme cérébral en général et la chasse au cholestérol ne doit pas faire oublier que lipides et acides gras essentiels saturés et insaturés sont indispensables à la constitution et à l'entretien des membranes neuronales; il faut être raisonnable dans leur consommation, sans les exclure. En plus des sels minéraux, nos neurones ont également besoin de protéines, de vitamines et d'oligo-éléments.

Les vitamines B1, B6, B9 (acide folique) et B12 sont apportées par le foie, le porc, les volailles, les huîtres, les céréales, les fruits, les légumes verts et secs, le jaune d'œuf, où l'on trouve aussi le zinc, le cuivre, le cobalt, le sélénium et les vitamines E et C, qui préviennent certaines lésions du vieillissement cérébral.

• Par ailleurs, il est souvent utile de proscrire les excitants du système nerveux, qui favorisent l'excitabilité neuromusculaire, en particulier de diminuer ou supprimer le café et les sodas à la caféine.

• N'oublions pas, lors des grossesses, le rôle capital du calcium, pris à titre préventif, qui protège du « baby blues » et des dépressions post-partum.

• J'ai déjà signalé que le soleil a un effet bénéfique en favorisant la production de vitamine D par l'organisme. L'exposition au soleil, qui bien entendu ne doit pas être excessive, est souvent favorable, à titre préventif, pour équilibrer ou rééquilibrer les modifications de l'humeur. Quelques jours de plein soleil en hiver auront des effets bénéfiques non négligeables.

• Il n'est guère possible d'agir sur les facteurs déclenchants des dépressions masquées ; en revanche, on peut apprendre à modifier son état d'esprit et à lutter contre les facteurs de stress.

• La prévention consiste à accroître la résistance au stress en modifiant les comportements et l'attitude devant la vie. En effet, la plupart des facteurs de stress sont constitutifs de la vie ; ne pas subir de stress, c'est être mort. Mais on peut apprendre aux individus à résister aux stress funestes. Cet apprentissage, associé à une diététique raisonnable, fait appel à des modifications des modes de réaction et à un changement des habitudes et des comportements nocifs. C'est, avant tout, un effort personnel d'adaptation psychologique de l'individu aux contraintes et aux tensions quotidiennes, complété par des méthodes simples de relaxation.

• Si, nous l'avons vu, la relaxation médicale et les techniques de bio-feedback sont utilisées dans les traitements des dépressions masquées, il existe aussi, à titre préventif, des formes d'initiation à la détente physique et psychologique moins élaborées et utilisables quotidiennement.

Ainsi, la simple gymnastique relaxante peut constituer une pratique prophylactique des décompensations pathologiques. Elle favorise une meilleure expression corporelle par la connaissance du corps. Les sujets doivent s'efforcer d'avoir une attitude détendue et souple qui élimine les positions vicieuses et les gestes disgracieux. Les mouvements volontaires et souples permettent d'obtenir un allongement musculaire qui favorise la détente. Les exercices de relaxation peuvent être pratiqués à tout moment et pendant quelques minutes. La crispation du visage au niveau du front, des paupières, de la mâchoire peut être atténuée par des exercices de bâillements volontaires particulièrement conseillés aux personnes qui parlent beaucoup. En cas de situations stressantes, l'état psychologique et les tensions physiologiques sont étroitement liés, les modifications de ces tensions physiologiques agissent rétroactivement sur les manifestations psychiques. Le but de ces exercices est de court-circuiter le stress en percevant toute tension musculaire à son début pour la réduire aussitôt. À tout moment de tension ou d'anxiété, un exercice bref de concentration permet de se détendre rapidement.

Le yoga s'apparente également à la gymnastique relaxante par un ensemble de postures associées à des exercices respiratoires portant surtout sur la respiration ventrale. La pratique du yoga, de même que l'activité sportive, permet de « retrouver » son corps. La focalisation sur les tensions psycho-émotionnelles est alors détournée par des stimulations purement physiques. Les sports agissent comme antidote du stress psychologique. Ils doivent être pratiqués en milieux aérés et demander un effort régulier et modéré. Les activités sportives conseillées nécessitent un rythme suivi (marche, bicyclette, jogging) et seront pratiquées sans chercher à dépasser les possibilités physiques du sujet. L'idéal est de se libérer du stress de la journée en effectuant quotidiennement 15 à 30 minutes d'activités physiques.

Savoir adapter son attitude psychologique pour mieux faire face aux situations stressantes permet, bien souvent, d'éviter des épisodes de décompensation.

Le type idéal de comportement consiste à réagir calmement, avec sagesse et optimisme en privilégiant le côté positif des choses. L'image rebattue de la bouteille à moitié vide, qui est une bouteille à moitié pleine, reste une façon incontournable d'expliquer ce qu'est un comportement optimiste par rapport à un comportement pessimiste.

Bien entendu, le profil psychologique d'un sujet donné ne peut être fondamentalement modifié, mais certaines attitudes pratiques devant la vie contribuent à réduire les tensions quotidiennes : ne pas s'imposer d'obligations sociales, familiales ou professionnelles contraignantes ou déplaisantes ; se préparer aux changements inévitables pour mieux s'y adapter ; se ménager des situations compensatrices de détente... Et aussi apprendre à se faire plaisir et à savoir accepter que l'autre vous fasse plaisir, sans oublier cette mesure prophylactique de base qui est de « fuir la compagnie des gens tristes et malheureux[1] » !

---

1. Baltasar Gracian, jésuite espagnol du XVIIe siècle.

Pour conclure ce livre qui, sans prétendre être exhaustif, est destiné à mettre en place les données principales d'un problème quotidien, je me propose, dans un premier temps, de rappeler ce que tout patient doit garder présent à l'esprit lorsqu'il est amené à s'interroger sur son état de santé.

La dépression masquée est une maladie qui atteint l'organisme dans son ensemble, dans ses aspects physiques, psychiques et relationnels. C'est une cause fréquente de douleurs invalidantes touchant la musculature, le cœur, la respiration, le système digestif, le système nerveux, de maux de tête et de migraines atroces, d'états de fatigue persistants, de malaises, de troubles du caractère, de phobies, d'épisodes de boulimie ou d'anorexie, de perturbations de la libido, voire de toxicomanies diverses.

Tous ces symptômes peuvent avoir pour point commun de résister aux traitements habituels et de constituer, en réalité, l'expression physique d'un véritable état dépressif qu'il est indispensable d'identifier et de soigner comme tel. Une dépression masquée pouvant mimer presque toutes les maladies, il est donc nécessaire de la reconnaître et de la traiter pour sortir ceux qui en souffrent de situations pathologiques inextricables.

Les symptômes physiques de la dépression masquée ne constituent ni une maladie mentale ni une maladie imaginaire mais sont les signes apparents d'un authentique désordre biologique, associé — ou non — à des perturbations psychologiques et/ou existentielles.

Le traitement des dépressions masquées est possible et indispensable. Il repose sur l'utilisation de méthodes fiables, efficaces et sans risque à long terme. Ce traitement doit toujours être pratiqué, pour faire disparaître les symptômes mais aussi pour prévenir un passage au stade beaucoup plus grave de la dépression manifeste.

Diagnostiquer et traiter une dépression masquée constitue un travail de médecin, car il peut être beaucoup plus préjudiciable, pour les malades, de méconnaître l'existence d'une lésion organique insidieuse que de négliger une éventuelle origine psychique. Attention en cas d'erreur d'orientation médicale.

Dans un second temps, il me semble utile d'élever le débat sur la nature des relations que nous entretenons avec notre corps et notre santé. À mon sens, le diagnostic de « dépression masquée » avancé par le médecin est avant tout l'occasion d'une prise de conscience déterminante pour le patient. Il peut alors comprendre que tout ne va pas bien dans sa tête et que c'est son corps qui se manifeste pour le lui faire savoir. Cette prise de conscience, « nommer la maladie », peut parfois suffir à faire franchir un pas décisif au malade et me paraît beaucoup plus importante que la prescription et la consommation systématique d'antidépresseurs chimiques.

Il me faut revenir à la notion du « médecin qui est en nous », qui fut d'abord élaborée par le docteur Schweitzer[1]. Ce dernier affirmait que le secret médical le mieux gardé depuis Hippocrate est la façon dont les médecins

1. Il reçut le prix Nobel pour les soins qu'il prodiguait aux lépreux en Afrique ; c'était également un merveilleux organiste.

vous guérissent. Il expliquait que les raisons de la réussite d'un traitement sont les mêmes que les raisons du succès d'un sorcier. « Tout malade porte son médecin à l'intérieur de lui-même. Il vient consulter le médecin — ou le sorcier — parce qu'il ignore cette vérité. Ce que nous faisons de mieux, c'est de donner une chance d'agir au médecin qui réside à l'intérieur de chacun. »

En matière de dépressions masquées, comme dans d'autres domaines médicaux, cette déclaration est porteuse d'un immense espoir et devrait rendre les médecins plus modestes. Leur premier travail est de discerner quel individu aura besoin d'une intervention technique énergique, pour quel patient il est indispensable de mobiliser à temps toutes les ressources de la chimie moderne ; c'est là qu'interviennent leurs connaissances techniques, leur jugement, leur expérience, leurs qualités de diagnosticiens et de thérapeutes. C'est la partie proprement scientifique de la médecine. Mais nous avons vu que les causes de dépression masquée sont étroitement imbriquées et le médecin, s'il doit être avant tout un homme de science, un technicien, pour savoir reconnaître les situations qui nécessitent la prescription d'un médicament psychotrope spécifique, doit aussi savoir identifier les autres cas de figure, tous ceux où la dépression masquée est partiellement ou totalement liée aux modes de vie, les patients pour qui le traitement consistera, surtout, à permettre au « médecin qui est à l'intérieur de chacun » d'agir.

Ce fameux médecin intérieur, ce praticien personnel, qui nous accompagne partout, c'est notre système émotionnel, notre système limbique ou, plus largement, notre système neuro-psycho-immunologique. Quand il est déréglé, c'est lui qui rend malade ; c'est lui qui guérit quand il est remis en ordre. Il existe des secousses, des pichenettes qui mettent en branle les cercles vicieux de la maladie, mais ces cercles sont constitués des mêmes éléments physiologiques que les cercles vertueux de la santé ; il suffit de réussir à les retourner.

La dépression masquée est un ensemble de symptômes, dont l'expression est souvent caractéristique de la personnalité et du terrain du sujet, lié à un dérèglement psycho-physiologique réversible de tout ou d'une partie de l'organisme. Ce déséquilibre correspond à des traits de personnalité, à des microlésions organiques et/ou à des troubles métaboliques et neurohormonaux qui, s'ils sont négligés, évolueront vers une pathologie dépressive véritablement constituée, avec tous les risques que cela comporte.

C'est au niveau de la chimie des émotions, de la neurobiochimie du système limbique et du système immunitaire que se mettent en œuvre les mécanismes producteurs de fatigue et autres symptômes somatiques des dépressions masquées. C'est pourquoi, dans une perspective élargie de la médecine et de la santé, tout ce qui agira positivement sur le système émotionnel sera utile à la guérison. Que ce soient le médecin lui-même, la relation médecin-malade, un « vrai » antidépresseur, un « faux » antidépresseur, un traitement adjuvant (symptomatique ou destiné à rééquilibrer le terrain), des méthodes comportementales, des techniques physiques, il s'agit là simplement de moyens différents pour régler le véritable thermostat, ou *thymostat*[1], qu'est le cerveau émotionnel, ce grand chef d'orchestre des instruments du corps. Tous ces facteurs de guérison ne sont que le même « médicament » ; avec des modes d'apport différents ils concourent au même but : faire travailler le médecin qui est en vous.

Au médecin que vous consulterez de vous aider à choisir la molécule ou la technique qui vous sera le plus efficace et le plus utile. À vous de suivre tel conseil ou telle prescription, du type de celles décrites ci-dessus, qui constituent des choix alternatifs, ou complémentaires, aux antidépresseurs.

---

1. Néologisme formé sur « thymie » (humeur), appliqué à sa régulation.

Annexes

1. Signes de localisation des dépressions masquées
2. Étiologies des dépressions masquantes
3. Facteurs de stress responsables de dépressions masquées
4. Échelle de dépression de Hamilton
5. Médicaments responsables de dépressions masquées
6. Antidépresseurs allopathiques
7. Antidépresseurs « naturels »

1. Signes de localisation des dépressions masquées

	Jamais	Parfois	Souvent
Signes généraux			
Fatigue	....	....	....
Fatigue intense	....	....	....
« Coups de pompe »	....	....	....
Fatigabilité musculaire	....	....	....
Fatigue aggravée par les efforts	....	....	....
Insomnies d'endormissement	....	....	....
Insomnies de la deuxième partie de la nuit	....	....	....
Réveils précoces	....	....	....
Cauchemars fréquents	....	....	....
Hypersomnies	....	....	....
Obésité ou maigreur	....	....	....
Troubles des conduites alimentaires	....	....	....
Signes intellectuels			
Difficultés d'attention	....	....	....
Difficultés de calcul	....	....	....
Pertes de mémoire	....	....	....
Difficultés d'orientation dans le temps et l'espace	....	....	....
Difficultés de langage	....	....	....
Signes psychologiques			
Tristesse, morosité	....	....	....
Crises de larmes, idées noires	....	....	....
Anxiété et angoisses	....	....	....
Crises de panique	....	....	....
« Boule dans la gorge »	....	....	....
Modifications du caractère	....	....	....
Sautes d'humeur	....	....	....
Crainte de la foule	....	....	....
Phobies, idées obsessionnelles	....	....	....

	Jamais	Parfois	Souvent
Signes neurologiques			
Malaises et pertes de connaissance			
Maux de tête, migraines			
Vertiges, sensations vertigineuses			
Instabilité à la marche			
Troubles visuels			
Modifications du goût et de l'odorat			
Tremblements			
Tremblement intérieur			
Fourmillements des extrémités			
Signes musculaires			
Douleurs diffuses			
Points douloureux multiples			
Crampes			
Fatigabilité musculaire			
Lombalgies et dorsalgies chroniques			
Signes cardio-vasculaires			
Douleurs dans la poitrine			
Oppression			
Cœur rapide			
Hypertension artérielle			
Palpitations, extra-systoles			
Signes digestifs			
Douleurs abdominales			
Aérophagie, ballonnements			
Brûlures d'estomac			
Nausées, vomissements, colites			
Diarrhées ou constipation fréquente			
Autres signes de localisation			
Troubles des règles			
Endométriose, avortements spontanés			

	Jamais	Parfois	Souvent
Diminution de la libido	....	....	....
Impuissance, frigidité	....	....	....
Peau sèche, ongles mous et cassants	....	....	....
Chutes de cheveux	....	....	....
Allergies nouvelles	....	....	....
Intolérance nouvelle à l'alcool, au café, au thé, aux médicaments	....	....	....
Modifications comportementales : alcoolisme, toxicomanies	....	....	....
Signes infectieux[1]			
Troubles de la régulation thermique	....	....	....
Petite fièvre persistante	....	....	....
Infections à répétition	....	....	....
Cystites fréquentes	....	....	....
Sinusites, angines, rhinopharyngites à répétition	....	....	....

Un tel recensement de symptômes peut être considéré comme significatif et permet de suspecter l'existence d'une dépression masquée, chez un sujet qui ne se perçoit pas comme dépressif, s'il existe un minimum de dix réponses nettement positives, réparties dans au moins trois catégories différentes.

1. Ces derniers symptômes sont surtout présents dans le syndrome de fatigue chronique (SFC), témoignant d'une atteinte des systèmes de défense immunitaire de l'organisme, mais peuvent parfois se rencontrer au cours des dépressions masquées.

2. Étiologies des dépressions masquantes

Catégorie	Exemple
Causes hormonales	Pathologie de la glande thyroïde — hypothyroïdie — hyperthyroïdie Pathologie phospho-calcique — hyperprathyroïdie — hypocalcémie Pathologie des glandes surrénales — maladie d'Addison
Causes neurologiques	Tumeurs cérébrales Maladie de Parkinson Insuffisances vasculaires Sclérose en plaques Maladie de Wilson Epilepsie Démences (dont la maladie d'Alzheimer)
Causes toxiques et médicamenteuses	Médicaments (voir annexe n° 5) Plomb Alcool Drogues
Causes métaboliques	Hypoglycémies Diabète Carences en vitamines et sels minéraux
Causes mixtes, neurohormonales et immunitaires	Spasmophilie Syndrome de fatigue chronique Fibromyalgie
Maladies de système **Cancers** **Maladies du sang**	Lupus érythémateux disséminé Maladie de Horton Maladie de Gougerot-Sjögren Tous les cancers Anémies, leucémies
Causes cardio-respiratoires	Apnées du sommeil Hypoxies, insuffisances respiratoires
Causes infectieuses	Toutes les maladies infectieuses persistantes Maladies de Lyme et de Whipple Syphilis, sida

3. Facteurs de stress responsables de dépressions masquées

Facteurs déclenchants	Oui	Non
Surmenage professionnel Surmenage extra-professionnel Surmenage sportif Exposition au bruit Durée excessive des transports Tâches monotones Menaces de licenciement Travail de nuit Travail posté Décalages horaires Voyages intercontinentaux Modification des conditions de vie familiales Réduction du sommeil Traumatisme crânien Accident de la circulation Intervention chirurgicale Affection médicale récente Traitements médicamenteux : tranquillisants laxatifs diurétiques cures d'amaigrissement Toxiques : café, thé alcool, drogues Conflits conjugaux Conflits familiaux Conflits professionnels Deuils, difficultés financières, changements de mode de vie Autre facteur connu de vous et non cité (préciser)		

Recherchez soigneusement l'existence de tels facteurs déclenchants qui peuvent être à l'origine de vos symptômes de dépression masquée.

4. Échelle de dépression de Hamilton

Symptômes	0	1	2	3	4
Dépression (humeur dépressive)					
Sentiment de culpabilité					
Idées suicidaires					
Insomnie initiale				X	X
Insomnie au milieu de la nuit				X	X
Insomnie tardive				X	X
Retentissement sur le travail et les activités					
Ralentissement global					
Agitation				X	X
Anxiété psychique				X	X
Anxiété somatique					
Symptômes gastro-intestinaux				X	X
Symptômes somatiques généraux				X	X
Symptômes somatiques génitaux				X	X
Hypocondrie					
Perte de poids				X	X
Conscience de l'état pathologique				X	X
TOTAL					

Sur cette liste comprenant 17 symptômes, 7 sont indiqués sans croix : ils sont considérés comme les plus significatifs de la dépression nerveuse masquée ou manifeste, et se cotent de 0 à 4 selon la correspondance suivante :

0 = absent
1 = mineur ou insignifiant
2 et 3 = modéré
4 = sévère

Les 10 autres symptômes, moins spécifiques ou plus communs, ont une croix dans les notes supérieures et se cotent donc seulement de 0 à 2, selon la correspondance suivante :

0 = absent
1 = léger ou douteux
2 = net

Vous devez faire le total de vos points... Pour votre médecin, un état dépressif est probable si votre score dépasse 15 points.

5. Médicaments responsables de dépressions masquées

Catégories de produits	Principales indications
Amphétamines	coupe-faim
Barbituriques	insomnies, épilepsies
Benzodiazépines	anxiété, troubles du sommeil
Bêtabloquants	hypertension artérielle
Cimétidine	ulcères gastriques
Clonidine	hypertension artérielle
Cotrimoxazole	infections urinaires
Digitaliques	insuffisance cardiaque
Disulfirame	cures de désintoxication alcoolique
Guanéthidine	hypertension artérielle
Hydantoïnes	épilepsies
Indométacine	douleurs rhumatismales
Interférons	chimiothérapies de certains cancers
Lévodopa	maladie de Parkinson
Méthyldopa	hypertension artérielle
Métoclopramide	troubles digestifs, vomissements
Phénotiazines	anxiété, nervosité
Pilules contraceptives	contraception
Prazosine	hypertension artérielle
Ranitidine	ulcères gastriques
Réserpine	hypertension artérielle
Théophylline	asthme, troubles respiratoires

Cette liste, non exhaustive et utilisant les dénominations communes internationales (DCI), ne signifie pas que les produits cités sont dangereux. Dans la majorité des cas, ils sont utiles, voire indispensables.

Cependant, un patient soigné depuis longtemps pour une des affections mentionnées ci-dessus peut voir apparaître des symptômes gênants (fatigue, douleurs, etc.) susceptibles de mimer un état dépressif. Il importe donc de signaler à votre médecin toute prise médicamenteuse au long cours.

6. Antidépresseurs allopathiques[1]

Principe actif	Posologie mini / maxi	Propriétés principales
IMIPRAMINIQUES		
Amitriptyline	75 à 150 mg/j	AD sédatif et antalgique
Amoxapine	100 à 400 mg/j	AD sédatif
Clomipramine	75 à 150 mg/j	AD anxiolytique, antalgique
Desipramine	75 à 150 mg/j	AD stimulant
Dosulépine	75 à 150 mg/j	AD sédatif
Doxépine	100 à 300 mg/j	AD sédatif
Imipramine	75 à 150 mg/j	AD stimulant
Maprotiline	75 à 150 mg/j	AD stimulant
Opipramol	150 à 250 mg/j	AD sédatif
Quinupramine	5 à 15 mg/j	AD sédatif
Trimipramine	75 à 150 mg/j	AD sédatif
IMAO non spécifique		
Iproniazide	25 à 150 mg/j	AD sédatif (usage limité)
IMAO-A spécifiques		
Moclobémide	150 à 600 mg/j	AD stimulant
Toloxatone	600 mg/j	AD stimulant
ISRS		
Citalopram	20 à 60 mg/j	AD stimulant
Fluoxétine	20 à 60 mg/j	AD stimulant
Fluvoxamine	100 à 300 mg/j	AD stimulant
Paroxétine	20 à 50 mg/j	AD stimulant et anxiolytique
IRSNA		
Milnacipran	100 mg/j	AD stimulant
Venlafaxine	75 à 225 mg/j	AD stimulant

1. Il s'agit des dénominations communes internationales (DCI) et non des marques.

Principe actif	**Posologie mini / maxi**	**Propriétés principales**
Autres antidépresseurs		
Amineptine	100 à 200 mg/j	AD stimulant
Médifoxamine	150 mg/j	AD stimulant
Miansérine	30 à 90 mg/j	AD sédatif
Oxaflozane	15 à 30 mg/j	AD sédatif
Tianeptine	25 à 37,5 mg/j	AD sédatif + stimulant
Viloxazine	200 à 600 mg/j	AD stimulant

N.B. Les doses indiquées sont celles recommandées pour commencer un traitement d'attaque; en pratique, on est plus ou moins rapidement conduit à diminuer ces doses.

Par ailleurs, le choix d'un antidépresseur dépend de l'expérience du médecin; le seul élément d'orientation est l'importance relative de l'anxiété et de la fatigue (on préfère un antidépresseur sédatif chez un sujet très anxieux alors que l'on privilégie une molécule stimulante quand c'est la fatigue qui domine).

7. Antidépresseurs « naturels[1] »

Produits	Propriétés
Plantes	
Absinthe	stimule les convalescents, augmente l'appétit
Anis vert	stimulant général, antispasmodique
Armoise	aphrodisiaque féminin
Aubépine	sédatif et anxiolytique
Aunée	stimulant et tonifiant
Berce	aphrodisiaque
Cannelle	stimulant respiratoire et circulatoire, aphrodisiaque
Damiana	tonique et aphrodisiaque
Éleutérocoque	ginseng russe; stimulant physique, intellectuel, sexuel
Fénugrec	aphrodisiaque
Frêne	reconstituant
Gingembre	aphrodisiaque
Ginseng	tonique physique et sexuel
Kawa	antidépresseur et sédatif
Kola	défatigant et empêche la somnolence
Maté	stimulant physique, intellectuel et sexuel
Mélisse	stimulant et sédatif
Menthe	stimulant et aphrodisiaque
Millepertuis	stimulant et antidépresseur
Passiflore	sédatif et anxiolytique
Poivre noir	défatigant et stimulant sexuel
Romarin	stimulant général
Sarriette	tonique et aphrodisiaque
Sauge	tonique général
Thym	stimulant intellectuel
Valériane	sédatif et anxiolytique

1. Il s'agit de quelques exemples d'un ensemble un peu disparate de plantes et substances homéopathiques utilisées pour combattre l'anxiété, la fatigue ou qui possèdent — en tant que telles — des propriétés stimulantes et régulatrices de l'humeur, les apparentant à des antidépresseurs « doux », au sens clinique du terme. Ces substances, souvent bien tolérées, peuvent constituer un appoint thérapeutique appréciable.

Produits	**Propriétés**
Homéopathie	
Acide phosphorique	défatigant
Arnica	tonique musculaire
Ignatia	sédatif et défatigant
Kalium	stimulant intellectuel
Nux vomica	anxiolytique et antistress
Sélénium	stimulant défatigant

TABLE DES MATIÈRES

III. Maîtriser la dépression masquée

IV. Se libérer de la dépression masquée

Achevé d'imprimer en janvier 1999
par ***Bussière Camedan Imprimeries***
à Saint-Aamnd-Montrond (Cher)
pour le compte des éditions Lattès

Dépôt légal : février 1999.
N° d'édition : 99010. N° d'impression : 990282/4.
Imprimé en France